シロアリと生きる

よそものが出会った水俣

池田理知子 著
Richiko Ikeda

ナカニシヤ出版

まえがき

まずお断りしておかなければならないのは、この本がシロアリの生態や食性について書かれた本ではない、ということである。つまり、タイトルにある「シロアリ」や「生きる」ということばが単体でなにか大きな意味を為しているわけではなく、むしろこの二つを結ぶ「と」が重要となっている、ということだ。たった一文字の「と」の意味が何かというと、それは「共生」を考えるということになる。私の専門である異文化コミュニケーションの課題のひとつでもあり、一般的にも重要なテーマがこれによって示されているのである。

シロアリとの「共生」とは、当然のことながら、ひとつ屋根の下でシロアリと共に仲良く暮らしていくということではない。そんなことをしたら、とんでもないことになってしまう。ではどういうことなのか。詳細は第1章に譲るとして、一言だけいっておくと、「仲良く手を取り合って生きること」だけが「共生」ではない、ということだ。そうした一般的なイメージがいかに短絡的な考えなのかを、シロアリたちが教えてくれているのである。

この本では、家づくりを通して考えたシロアリとの「共生」から、やがて「よそ者」が多く暮らす町である水俣の日常へと展開していく。水俣病患者支援のために水俣にやって来て、そのままそこで暮らし始め、その後もオルタナティブな生き方を楽しんでいる人たちが水俣には少なからずいる。そうした先人たちから、最近水俣にやって来た新参者である私たち「よそ者」が学べることは少なくないし、「共生」とは何かを考える手がかりを与えてくれる。

生物学的な興味から手に取った人にとっては期待はずれかもしれないが、多様な読者の関心に応えるつくりになっているのがこの本の特徴のひとつだと思っている。特に、自然との共生を目指す家づくりに興味がある人や、オルタナティブな生き方から何かを学びたいと思っている人、環境先進地とされている水俣の地域社会の具体的な取り組みの実例について知りたい人たちに、ぜひ手に取ってもらいたいし、私が日々接している学生や同世代の若者たちにも読んでもらいたい。また、新たな地での生き方を模索している人や、「移住」を考えている人たちにも何らかのヒントを与えられるかもしれない。

この本では、二〇一一年三月一一日の東日本大震災とその後の福島第一原子力発電所事故をきっかけに、その数年前から縁のあった水俣に「移住」し——このあたりの経緯についてはあとがきに書いてあるので読んでほしい——考えたことや、化学物質過敏症の予備軍である私が生き延びるための選択として、ここに「伝統構法」を多用した木の家を建てた経験から見えてきた、現代社会のさまざまなひずみをあぶりだしていく。

執筆にあたって、こうした「困難な作業」の手伝いをしてくれたのが、我が家の設計を請け負ってくれた熊本市川尻に設計室を構える古川保氏である。ご意見番としての古川氏の存在は、この本にとっては欠かせない。また、我が夫も本書の重要な登場人物のひとりである。「いや」とか、「違うんじゃない」といった否定から話を始めずにはいられない彼には、いろいろと気づかされることが多かった。実はここだけの話、収録できないようなくだらない意見も多かったのだが……。いずれにせよ、二人ともいい味を出しているので、ぜひ本文を読んでいただきたい。

この本は、2部構成となっている。第1部は「伝統構法の家を建てる」という名のとおり、水俣に家を建てようと思い立ち、完成するまでの間に考えたことをまとめている。第2部の「水俣に住む」では、家が完成した二〇一三年三月から約半年のあいだに見えてきたさまざまな近代化の矛盾や水俣での日常を綴っている。水俣病は、近代化の矛盾の象徴として語られることが多い。そうした部分と、それだけにとどまらないもの、つまり水俣の多様な姿を描き出しているので、その部分もじっくり読んでいただきたいと思っている。

では、まずはシロアリたちが何を教えてくれているのかを覗いてみよう！

目次

第2部　水俣に住む

第1部　伝統構法の家を建てる

古川氏が思い描いた家からの眺め

第1章　シロアリと生きる

❶ 永田シロアリの不思議

天文館電停近くの一等地に建つ永田シロアリビル。鹿児島市で生まれ育った私が子どもの頃から、そこにある。下の写真のように、巨大なシロアリがへばりつくシュールなビルである。しかも今回はじめて気づいたのだが、「殺し屋参上」などという不気味な文字が一階のシャッターにペイントされているではないか。昔はそんな文字などなかったような……。

永田シロアリビルのことを思い出したのは、熊本県水俣市に居を構えようと検討している最中、あるモデルハウスを見に行ったときである。紐靴を履いていた夫が何度も靴を脱いだり履いたりするのが面倒だと思ったのか、まず庭から見せてほしいというので、夫の言いなりになるようでしゃくではあったが、私も紐靴を履いていたので、今回は一応従った。すると庭に出るなり、「この穴は何ですか」と夫が係りの人に聞く。疑問に思ったことは何でも口にする性質《たち》なのだ。

「それはシロアリをおびき寄せて退治する罠です」と係りの人が答える。東京暮らしが長い

天文館の一等地に建つ永田シロアリビル
（http://blog.livedoor.jp/toshi127h/archives/64746543.html より引用）

私には信じがたいことだが、ヤマトシロアリとイエシロアリの二種類が生息する九州ではシロアリ対策はあたり前らしく、それからしばらく、シロアリの駆除がどんなに大変なのか、また「ベイト工法」と呼ばれるこの駆除システムがいかにすぐれているかの説明が続いた。埼玉の実家で三度家を建てる機会があった夫の話では、今までシロアリのシの字も聞いたことがなかったそうだ。シロアリ駆除というと、悪徳業者の話しか頭に浮かばないのだという。

ここで少しベイト工法のことを説明しておこう。先ほどの庭に掘られた穴はステーションと呼ばれ、シロアリをおびき寄せる木がその中には埋め込まれている。そうしたステーションを家の周りを囲むようにして設置することで、シロアリの被害を未然に防ごうというのである。ステーションは定期的に管理業者によって点検される。下の写真のように、そこで仮にシロアリがヒットしたことが確認されると、ベイト剤（脱皮阻害剤）が注入される。シロアリは仲間に食べ物のありかを知らせる習性があるため、次々とやってくる仲間たちはそれが毒だとはつゆ知らず飛びつくのだが、食べたら最後、やがて死に絶えていくのである。

非常に合理的なシステムに一見思えるのだが、この工法にはいくつか欠点がある。そのうちのひとつが、結構お金がかかることだ。具体的な料金は忘

ベイト工法のステーション
（http://sanimite.com/html/process1.html より引用）

れてしまったのだが、その契約を続ける限り毎月数千円を業者に払い続けなければならず、これはかなり儲かる商売だなあと思った瞬間、あのビルのことが頭に浮かび、妙に納得してしまったのだ。今回、どのぐらいの料金がかかるのか改めてインターネットで調べてみたが、毎月の維持費とは業者がステーションのふたを開けてチェックするためだけの費用で、それ以外に初期費用がかかる。また、シロアリがヒットした時の駆除料金は、別途請求されるそうだ。

❷ 床下のない家

家を建てようと思い立ち、最初に訪ねたモデルルームでシロアリ駆除の大変さを思い知らされた私の頭のなかには、「家を作る＝シロアリ駆除対策」という公式がすでにできあがっていた。床下をコンクリートで固め、地熱を利用することで冷暖房効果を高めることを売りにしている別のモデルルームに行ったときも、シロアリが侵入してこないかが真っ先に気になった。しかしそこでは、シロアリの話はなかなか出てこなかった。

当然のことながら、担当者は自分が販売している住宅の利点からまず話す。というか、ほとんどそれしか話さない。床下のないその家は、通常の二・五倍の量のコンクリートが家の基礎に使われており、東日本大震災でも周りの家が倒壊したり津波で流されたりしたのに無事だったそうだ。その証拠となる写真もそこには展示されていた。だが、いくら無事だったとはいえ、町がまるごとなくなったのに一軒だけ残ってもなあ……と思った私は不謹慎なのだろうか。

痺れを切らした私は、「シロアリはどうするんですか。大丈夫なんですか」とついに切り出した。「コンクリートで固めているので、シロアリは入ってきません」と間髪入れず、担当者は答える。そして、「シロアリの侵入を防ぐには、床下に風を通すかコンクリートで固めるかのどちらかしかなく、わが社では後者を選んでいるのです」と説明は続く。一見理にかなった説明のように思えるが、ここにもやはり落とし穴がある。

コンクリートは、ひび割れたりはがれたりと、時間が経てば必ず劣化する。だからこそ、鉄筋コンクリートのビルでは一〇年から一五年おきに外壁の補修工事が必要となるのだ。マンション住まいが長い私は、外壁の工事があるたびにペンキのにおいと工事の騒音に悩まされてきた。だとすると、いくらコンクリートで基礎を固めたからといって、ひび割れができたらそこからシロアリが侵入するかもしれないではないか。

シロアリは賢い。ほんのわずかな隙間でも見逃さない。しかもいったん侵入され、そのことに気づかないでいたとしたら、大変なことになる。基礎からのやり直しということになりかねないし、それはほぼ建て直すということになってしまう。つまりその家は、シロアリに侵入されないことを前提としているため、いったん侵入されたら簡単には補修できない弱点をもっているのである。

❸ 床に穴が開いた家

シロアリの生態を教えてくれたのは、最終的に我が家の設計をお願いすることになった熊本市在住の古川保氏であった。彼曰く、シロアリは抜群の学習能力をもっているのだという。先のベイト工法も、約八割は設置したステーションにおびき寄せることで駆除できるが、残りの二割ほどはその網の目をかいくぐって家の中に侵入する恐れがあるということだ。

こんなにも私たちを悩ますシロアリだったら、人類の英知を結集してでも絶滅すべきだ、と思ったのは私だけではないはずだ。しかし建築物にとってはじゃまものでしかない奴らも、山ではなくてはならない存在らしい。シロアリは生きている木には近づかない。枯れた木の根をせっせと分解してくれる「掃除屋」なのである。シロアリがいなかったら、山の生命の循環が滞ってしまうのだ。同じようなことを人の手でしようものなら、いったいどれくらいの手間と費用がかかるのか想像もできない。シロアリさん、ありがとう。

とはいえ、今度新しく建てる我が家に棲みついてもらっては困る。では、どうするのか。そこで、古川氏が提案する家が登場するのだ。それは、床下が高くとられていて風通しがよい家である。昔ながらの日本家屋を思い浮かべてもらいたいのだが、そうした家は縁側から床下が見えていた。開放された空間は、当然のことながら風通しがよくなるのだ。

しかもその家の床には、穴が開いている。その穴とは、左下の写真のように、居間のフローリングの隅にある空気取り入れ口で、空気の流れを生み出す仕組みのことである。古川氏のホームページにある説明によると、「夏の夕方は室内より床下空間の気温は二度低いので、その空気を取り入れる」ための装置だという（『建築ジャーナル』二〇一〇年一二月号）。しかもそこから床下に潜れる！　シロアリが来ていないかチェックできるのだ。

床下に潜り蟻道がないかどうかを自分たちでチェックするという話を聞いたとき、夫も私も同時に、「えー」という不満の声をあげてしまった。すると、「業者に頼んでもいいですよ。でも、毎年チェックしてもらうだけで、一万ぐらいはかかるはずです。床下に一万円札が置いてあると思えば、潜れるでしょ」との古川氏の貴重なアドバイスに、すかさず私が反応し、「一万円落とすから、潜りなよ」と夫に向かって言う。お小遣いにつられた夫は、すかさず「潜ります」と同意したのだった。

古川氏が提案する床の穴

シロアリが食域を広げるのは九月である。したがって、年一回床下を点検すればいいので、当初私たちが思っていたよりも大変なことではないようだ。そして、万が一シロアリが来ていたら、その部分だけピンポイントで駆除の薬剤を使用すればよいとのことだ。古川氏の「風邪をひいていないのに毎日薬を飲む人はいません。風邪をひいたときだけ飲むのと同じです」という言葉に納得。

それぞれの場所で、本来自分に課せられたことをする。それがともに生きるということであって、私たちはシロアリとともに生きる道を選んだ。本来いるべき場所にシロアリを返したいのであれば、シロアリが棲みつかないような環境を自分たちの周りに作ればいいのだ。どうやって作るのか。伝統構法で建てられた風通しのよい床下が、その答えであった。

❹ 伝統構法の家が消滅？

シロアリとの「共生」を可能とする伝統構法の家に、危機が押し寄せようとしている。住宅の断熱基準強化を目的とした「省エネ法改正案」が成立すると、そうした家は建てられなくなってしまうのだ。気密性と断熱性が高い家は、北海道や東北など冬の寒さが厳しいところでは有効かもしれないが、高温多湿な夏が長い南の地域では冷房費だけがかさんでしまう。地域差を無視したこの法案は、省エネとは名ばかりのものだ。

二〇一二年三月三日の熊本日日新聞に省エネ法に関して古川氏がコメントを寄せているが、伝統構法で建てた家は、「気密性は低いが、換気扇を使わなくても屋内の空気が自然に入れ替わる程度で、九州の気候にはちょうどいい。木や土壁の蓄熱性、夏の風通しの良さで、冷暖房費を含む年間エネルギー使用量は一般住宅の八割程度」で済むのだという。いまや新築住宅には必ずついている二四時間換気設備を使うより、こちらの方がはるかに省エネのような気がするのだが……。

国は「省エネ法改正案」を成立させようと目論んでいるらしく、もしかしたら、成立してしまうかもしれない（註：二〇一三年五月二四日に可決・成立）。そうなったら、改正案の「改正」を何としてでも促さなくては、私たちがシロアリさんとともに生きていく道が閉ざされてしまう。「家を作る＝シロアリ駆除対策」という私が当初導き出した公式は、こうして「家を作る＝シロアリと生きる」に変わっていったのである。

第2章　シックな私と過敏症

❶ 干されたリュック

結婚して間もない頃、誕生日のプレゼントに夫がリュックを買ってくれた。すぐにでも背負って出かけたくなるような私好みのシックな黒い革のリュックは、結局使われないまま長い間放置されることになった。滅多に使うことのない畳の部屋の片隅に置かれたり、ベランダの物干しに吊り下げられたりと、その哀れな姿を見るたびに夫の嘆きが聞こえてきた。「なんで？　はぁ……」。防水加工が施されたそのリュックは、私にはどうにも耐えがたいほどくさいのである。夫には何も感じられないのが、彼の嘆きをよけいに増幅させる。

一年ほど経ち、ようやく使えるようになった。夫も私もにっこり。めでたし、めでたし……とそこで終わればよかったのだが、そうはいかなかった。そんなのんきに笑ってはいられない状況が、そのときすでに私の身体のなかで進行していたのだった。

❷ 「危険」な香り

「リュック放置事件」から数年後、私の母が軽い脳梗塞で倒れたことをきっかけに、それまで住んでいたマンションを引き払い、母の住まいの近くに引っ越すことになった。私にとっては二度目の新築マンションである。そこは駅からも近く、以前のところよりも静かで見晴らしもよく、二人とも大満足だった。だが、いいことばかりではなかった。

脳梗塞からよみがえった母がいつものようにうちにやって来た。しかし、いつもと違う。くさいのだ。なぜ？ 尋問を続けるうちにようやく判明したのが、衣類の柔軟剤を外国製のものに変えたことだった。しかし、においの原因がわかったのにその原因を取り除いてはくれない。贅沢なくせに昔の人特有の「モッタイナイ」精神だけは身に着けている彼女は、使い始めたばかりの「危険」な柔軟剤を手放そうとしないのだ。したがって、うちに来るたびに服を着替えさせなければならなくなった。だがしばらくすると、来るたびに着替えるのが面倒くさくなったのか、まだたっぷり残っていたはずの使いかけだけではなく買い置きの分も合わせて人に譲ったらしい。

この頃にはさすがの私も身体の異変に気づかざるを得なくなった。しかもその頃からだんだんと症状がエスカレートするではないか。隣が洗濯物を干していると窓を開けられなくなったり、電車のなかではいろんなにおいが気になってマスクをする回数が増えてきた。今ではマスクなしでは電車やバス、飛行機といった公共交通機関に乗れなくなってしまったのである。

なぜこんな症状が出るようになったのか。ネットや本で調べて出した私なりの結論は、シックハウスをきっかけにどうやら化学物質過敏症の予備軍になってしまったらしいということだった。ただし症状はまだまだ軽い方で、一説によると、シックハウス症候群は化学物質過敏症の初期段階ということらしく、まさに今の私の状態を言い当てているともいえる。

しかし初期段階だとしても、油断はできない。この病気はいったんかかってしまうと、反応する化学物質が次々と増えていってしまうという恐ろしいものなのだ。

❸ 穴だらけのシックハウス対策

シックハウス症候群が日本社会で顕在化したのは一九九〇年代だった。新築の家やリフォームした家に入居後、めまいや頭痛、目やのどの異常、吐き気といった身体の不調を訴える人たちが増えたのだった。そして、住宅メーカーを相手に訴訟にまで発展するケースも現れだした。これは、高気密高断熱の家がもてはやされるようになったのとちょうど同じ頃だったはずである。密閉された空間は、冷暖房装置によって効率的に一年中快適な温度を保つことができる。しかしそうなると、どうしても換気不足になりがちで、結局、建築資材に使われた化学物質がいつまでも室内に残ってしまうといった問題が起こってしまうのだ。

こうした事態を受けて国がとった対策は、一三種類の化学物質について室内濃度指針値を設定するという内容を含んだ二〇〇二年の建築基準法の改正（二〇〇三年七月一日施行）であった。そのなかには、二四時間換気システムといった機械換気設備の設置義務も含まれており、換気の重要性が謳われている。だが、化学物質がいつまでも滞留し続ける構造そのもの、つまり高気密高断熱な住宅がもたらす弊害への根本的な対策がそこで講じられることはなかった。

私たち夫婦が最初に住んでいたマンションは一九九六年に建てられたもので、改正建築基準法施行前の物件だったが、次のマンションは施行後のもの（二〇〇四年一一月完成）だった。確かに二四時間換気設備はついていたし、低ホルムアルデヒドの建築資材を使ってあるからどうのこうのといった説明を受けた覚えもある。しかし、一月に引っ越した私たちは二四時間換気扇をつけていると寒かったため、ほとんどそのスイッチを入れることはなかった。国の基準によると、平均で一時間に室内の空気の半分が入れ替わるように定められているとのことだが、それは理論上そうなっているだけで、うちのマンションのようにスイッチを入れなければ換気は行われない。つまり、ついているから使うとは限らないのである。常に一定の換気を確保するとなると、コンピューター制御付の高性能な換気システムを設置しなくてはならず、設計・工事費用を含めて一〇〇万円ほど余分な費用がかかることになるらしいし、常に電気代もかかり、月に数百円から数千円のさらなる出費が必要となる。しかも、そんな高いシステムを導入したとしても住宅内の空気は一様には入れ替わらない。空気が入れ替わりやすいところや、滞留しやすいところが必ずでてくるのだ。そんなところまできちんと見越して国は法を制定したのか、と突っ込みを入れたくなるのだが、それにしても、それで私の身体がよくなるわけではない。

④ 古川氏の修行

ここで水俣の我が家の設計をお願いする古川氏にご登場願おう。彼は私の症状のよき理解者である。というか理解者になるべく修行をさせられた人物といったほうが正確かもしれない。先日、その修行のすさまじさについて語ってくれた。

それは、私などよりもはるかにいろんな物質に反応してしまう施主さんの家をどうやって建てたのかという話だった。その施主さんは、人工的に作られた合成化学物質だけでなく、ヒノキといった天然・自然素材にも反応してしまう難しい人だったそうだ。どの物質なら使っても大丈夫か、一つひとつ確かめながら、手探り状態で家を建てたのだが、それでもその方は建てた家にすぐには住めず、一年ほどしてさまざまなにおいや成分が抜けた後でようやく移ることができたという話だった。その経験でいろんなことを学ばされた、と古川氏は語ってくれたのだ。

蔵を利用した古川設計室

確かに、一度過敏症になった人はとにかくいろんなものに反応を示す傾向があるため、自然素材だから安全とは言い切れない。現に、シトロネラやレモングラスといった天然ハーブでつくられた虫よけのアロマエッセンスに、私の身体も反応してしまう。古川氏をてこずらせたあの施主さんほどではないにしろ、これから建つ我が家が私にとって本当に安心して住める家かどうかは、実際のところ完成してみなければわからないのである。

とはいえ、私は古川氏の建てる家にかなりの希望をもっている。それは、彼が建てる家が自然と換気を促す家であり、先ほど指摘した高気密高断熱な家とは正反対の住まいだからである。もちろん高額な換気システムも不要である。要は風通しのいい、呼吸する家なのである。

❺「スーパー南京虫」の世界になる？

推定一〇〇万人といわれる化学物質過敏症患者。その予備軍は実に十人に一人ともいわれている。とはいえ、それでもまだ少数派である患者は、多くの人にとっては見えない存在である。そうした少数派が、いいにおいだと多数が感じるものに対して、「それは私にとっては毒なのです」とは言いづらい。しかし、いつ誰がどういう状況で発症するのか解明されていない部分がまだまだ多いこの病気だからこそ、本当は彼女／彼らの声に耳を傾けなければならないのではないだろうか。

私たちは、これまで経験したことのないような世界に突入している。たとえば、昔はなかった化学物質で家中が埋め尽くされている。トイレや部屋の芳香剤、香料入りの合成洗剤、さまざまな抗菌グッズ。もしかしたら、こうした環境下で何も感じることができないほうが、「異常」なのではないか。どんな環境でも耐えられる「スーパー南京虫」にならないと生きていけない世界のほうがおかしいのではないか、と私と似たような症状のある友人が言うとおりかもしれない。

「健康住宅」として売り出しているもののなかには、外断熱工法を取り入れた、風通しの悪いものが目につく。化学物質過敏症をいったん発症した患者は、どんな物質に反応するのか未知の部分が多いことを考えると、選択肢はやはり風通しのいい、換気が十分にできる昔ながらの家しかない、というのが私の意見である。古川氏の建てる家から、警告の声をこれからも発し続けていこうと思う。

第3章　猫の額の二〇坪

❶「ウサギ小屋」じゃダメなのか

我が家の掃除担当は夫である。とはいえ、私が掃除をしないわけではない。ただ、夫のほうが丁寧でまめに掃除をするから、なんとなく掃除は彼の担当となっているのだ。水俣のアパートに住んでいたときに、その彼がいつも言っていたのが、掃除が楽になってうれしいということだった。それは、３ＬＤＫの東京のマンションから２ＤＫのアパートに移ったのだから、当然のことである。

東京に住んでいると、毎日のように新築マンションのチラシがポストに入る。そのほとんどが「ゆとりの空間」とか「おどろきのゆったりスペース」といったように広さが売りのひとつになっており、うちのマンションのように、３ＬＤＫが標準的な間取りになっている。夫がまだ東京にいた頃、こうしたチラシの間取り図を見ながら、週に一回、半日ほどかけて行う掃除のことを思い浮かべながら、お互いにため息をついていた。

いったいいつから広い家がいいということになったのだろうか。掃除のことだけに限らず、そんなに広いスペースがはたして必要なのだろうか。「ウサギ小屋」ではなぜだめなのだろうか。これは、日本の団地サイズの住まいを「ウサギ小屋」だと揶揄することによって、欧米型のライフスタイルを売り込もうとしたアメリカの陰謀なのではないか、と最近では思えてならない。

❷ あれもこれもで大きな家に

こんなことを今は言っている私だが、一八年前にアメリカでの留学を終えて戻ってきたときには、まったく逆のことを考えていた。勤め始めて二年後に、頭金ほぼゼロ、三五年ローンで3LDKのマンションを購入したのも、広いところに住みたかったからだ。ちなみにその頃はまだ独身で、第4章に登場するマイケルという黒猫と二人（?）暮らしだった。そこは、彼が走り回るには十分な広さで、後に、タンス一棹もって夫が転がり込んできても、まだ余裕のスペースだった。

こうしたマンション暮らしを経て出した二人の結論は、それほど広い家は要らないというものであった。それは、「最大のエコは小さな家」という持論をもつ古川氏の考えとも一致するものだった。したがって我が家は、基本的にはリビング・ダイニングのスペースと畳の部屋ひとつ、という1LDKのいたってシンプルな設計図となったのである。

しかし、設計のラフスケッチを書いてもらっている段階では、いろいろと迷いもあった。東京に住む母や、友人、学生が来たらどこに寝かせるのかとか、大量の本を収納する場所を確保しなくていいのかとか、そんなことを考えていると、どんどん大きな家になっていくのだ。結局、いろんな場面を想定して、あれもこれも必要だとなるときりがない。そこで思い出したのが、坂口恭平のモバイルハウスである。

❸ モバイルハウス的発想

モバイルハウスとは、下の写真にあるように、家の四隅にタイヤが取りつけてあり移動可能となっているため、日本の法律では「家」とは認められない「建物」である。建築基準法によると、建築物とは土地に定着する工作物を指すため、モバイルハウスは不動産ではなく、可動産ということになる。したがって、建築確認申請をして許可を取るという面倒な手続きも不要だし、固定資産税も発生しないのだ。

類似のものとしては、米国で生まれたトレーラーハウスがあるが、比較的大きく一般の住居を移動可能な形にしただけのそれに比べて、モバイルハウスはその発想からしてコンパクトである。居住スペースの周辺にあるものも含めれば、必要最低限のものがすべてそろうホームレスの人たちの「家」やその暮らし方に刺激を受けた坂口が提案する「家」に、余分なものはない。

ドキュメンタリー映画『モバイルハウスのつくりかた』（二〇一一年、本田孝義監督作品）のなかで彼が披露してい

モバイルハウスのタイヤ
（http://chikyu-no-cocolo.cocolog-nifty.com/blog/2011/01/-----.html?page=3 より引用）

るのが、幅一・五m、奥行き二・四m、高さ二・一mというサイズのもので、車一台分の駐車スペースがあればどこにでも設置できるというものだ。そのなかには、二畳ほどの居室空間が広がっている。建築コストは総額二万六〇〇〇円で、すべてホームセンターで購入できる材料を使用したそうだ。ソーラーパネルを置いて一二Vのバッテリーを使えば、電気製品、たとえば電灯もつけられるしパソコンも使える。雨水の利用と公園などの公共施設の水道を利用すれば、水も確保できる。煮炊きに使うガスはカセットボンベで間に合う。つまり、家とは電気や水道、ガスが引かれていてあたり前だと思っていたのが、そうではないのだということにこのモバイルハウスは気づかせてくれるのである。

お風呂に入りたければ、公衆浴場がある。本を読みたければ、図書館がある。すべてを自分の家のなかで賄おうとせず、周りの施設と合わせて考えると、そんなに広いスペースは必要ないし、維持管理の手間暇さえ省けるのだ。

私たちが建てる家はモバイルハウスではないが、モバイルハウス的な考え方から家づくりや、「住まう」ということに関して学べることは少なくない。要は、家とはこういうものでなければならない、というこれまでとらわれていた「常識」らしきものから私たちを解き放してくれるのである。

《モバイルハウスのつくりかた》（2013年，竹書房）

④「エコ」とは何か

水俣市には、環境省が助成金を出して市が建てた「水俣エコハウス」というモデルハウスがある。そこを設計したのが古川氏で、彼と知り合ったのもそこだった。その「水俣エコハウス」には太陽光パネルが庭に設置してある。とはいえ、設計者である古川氏は、何が何でも太陽光パネルをつければいいというものではないという意見の持ち主で、海からの風が強い我が家につけることには最初から反対だった。それよりも電気をなるべく使わない生活を送ることのほうがずっと「エコ」だという彼の意見には、説得力がある。

「エコ」という言葉の使われ方を見ると、一時の流行に大きく左右されているように思えてならない。太陽光パネルがはやれば、「右向け右」で皆が設置しようとする。もちろん太陽光を電源とした方がいい場合もあるだろうが、たとえば日照時間が相対的に少ない日本海側には向かないし、海からの強風や台風が直撃するであろう我が家の土地にも向かない。近くの家の屋根を見ると、温水パネルが載せてあったらしい跡が残っており、おそらく強風で外れたか、下手すると飛んでしまったのかもしれない。そうしたものは、この辺りではかえって危険なのだ。

二〇一一年三月一一日の原発事故以来、東京のマンションの契約容量を二〇Aに下げた。水俣のアパートもそうしたし、我が家もそうするつもりである。これまでそれで不自由だと思ったことはない。年に一、二回、うっかり掃除機とドライヤーと炊飯器を同時に使ってしまったとかいうときにブレーカーが落ちる程度で、めったに起こらないそうした事態に備えて三〇Aとか四〇Aにしておく方が、ずっと反「エコ」なのではないだろうか。

電気を食うといわれている白熱灯に替わって蛍光灯が売れ出し、それよりも電気代がかからないLEDが最近はやりだした傾向についても、もっとよく考えてみる必要がある。白熱灯が数年後には製造されなくなるといわれているが、そうなるとそれしか使えない照明器具はごみになってしまう。蛍光灯はそのなかに含まれる水銀をどう処理していくのかがまだ決まっていないという課題がある。水俣病を経験した水俣に住む者にとっては、看過できない問題である。LEDは開発されてからまだ間もないため、問題が何であるかさえわかっていない未知の製品である。こうした状態のなかにあって、いったい何を選択したらいいのかは、ケースバイケースで考えるしかないのだ。少なくとも、「右向け右」的な発想が、「エコ」とはもっとも遠いところにあるのは確かなのではないだろうか。

❺ うちの客間は「ラブホテル」？

我が家は「ラブホテル」の近くに建つ。こんなことをいうと、怪しげなところに家ができると誤解されそうだが、そんなことはない。昔は普通のホテルだったが経営が上手くいかず、今のようになったらしいので、それほど変なものではないのでは、と私は思っている。

客間のない我が家は、畳の部屋に川の字になって寝ることに抵抗がなければ、一人の客人であれば泊められる。二人だとちょっときついかもしれない。それ以上になると、おそらく無理だろう。ということで、私としては家から歩いて一、二分のこの便利な「ラブホテル」を我が家の「客間」にできないか、と勝手に画策している。一度夫に話したことがあるのだが、とんでもないという顔をされた。しかし、「ラブホテル」は一人いくらとは書いてないし、おそらく一部屋いくらという料金体系だとふんでいるのだが、そうすると大人数のお客が来たときには頭割りすれば格安で泊まれるはずだ。少なくとも一部屋増やすと約一〇〇万円のコスト高になるのだから、そうしためったにない状況を想定して備えるより、ずっと安くすむはずだ。要は、外部の使えそうなものは何でも使うというモバイルハウス的発想が肝心なのである。ということで、「ラブホテル客間計画」がいつ実行に移せるのか、いまからわくわくしている私って不謹慎⁉

第4章　猫の病気とグローバル化

❶ マイケルの受難

第3章で紹介したマイケル（黒猫、二〇一〇年五月没、享年一二）は、寝ているときにはいびきをかくし、くしゃみはよくするし、頻繁に鼻水を拭いてやらなければならないほど鼻の悪い猫だった。そういう猫もいるのだろうとあまり気にしていなかったところ、亡くなる少し前に、肺に穴が開き、空気が漏れる気胸という病気であると診断された。便秘気味であった彼が力んだあとに、ぜいぜいと荒い息をしていたのを思い出し、理由はそれだったのかと合点した。腎臓病ですでに弱っていた体に気胸の手術は耐えられないとの判断で、そのままにしておくしかなかった。

一般的に、自然気胸の原因はよくわかっていないらしい。しかし、その発生との関連が強く疑われているのが、喫煙と大気汚染である。マイケルは、開かずの踏切で有名だった地点から五〇〇メートルしか離れていない幹線道路に面したマンションで一生の半分以上を過ごした。渋滞が激しく、車の排気ガスで物干し棹や窓がいつも汚れていたことから推察すると、彼にとってそこはひどい住環境だったに違いない。当然のことながら、マイケルに喫煙の習慣はな

我が家の箱入り息子

かった。

車の排気ガスがひどいところは、騒音もすごい。エアコンをあまり使わずに、窓を開けることの多かったその部屋は、マイケルにとってかなりうるさかったはずだ。七歳で別のマンションに引っ越したときは、最初は戸惑ったものの、静かな環境が気に入ったのか、満足気で以前よりもよく眠るようになった。加齢のせいで睡眠時間が長くなったといえなくもないが……。

❷ 便利な生活と大気汚染の関係

排気ガスと騒音の元凶は、主にトラックである。国道三号線のほぼ脇に位置する水俣のアパートにいると、トラックがひっきりなしに通るのがわかる。そして、そこもまた排気ガスと騒音がすごい。アパートに移ってきた当初は、国道側に廃業した旅館の建物があって、それほど気にならなかったのだが、それが取り壊されてからは、四六時中排気ガスと騒音に付き合うこととなった。

トラックによる輸送量が増加したのは、高度経済成長期あたりからである。そして、一九七〇年代後半になると、宅配便や引越専門輸送サービスといった、いわゆる「消費者物流」が脚光を浴びるようになり、トラック輸送が私たちの生活に必要不可欠でより身近なものとなっていく。

いったいどのくらいの頻度で宅配便を使っているのか。必要な本が簡単に手に入るネット書店を頻繁に利用している身としては心苦しい。その分、大気汚染を引き起こす元凶に加担していることになるのだ。水俣のアパートで、窓を開け放している夏の時期になると特に、大気汚染の被害者であると同時に、自らの便利な生活を考えないわけにはいかなくなる。

古川氏が地元の材料や業者にこだわる理由は、ここにもあるのかもしれない。地産地消が本来の姿だし、大気汚染という公害を考えた場合、可能であるならば、できるだけそれに徹したほうがいいのだ。

❸ コンクリートは優等生？

ところで、我が家の基礎の材料となるコンクリートはいったいどこから来るのだろうか。家を作ることと大気汚染との関連に気づかせてくれたのが、実はこのコンクリートの出所をめぐる問題であった。

それは、二〇一二年一月一五日に報道された福島県二本松市の新築マンションの部屋で、外よりも高い放射線量が検出されたという報道を思い出し、いったいコンクリートはどこから来るのか気になり、古川氏に尋ねたのが始まりだった。問題のそのマンションは、二〇一一年七月に完成したもので、福島第一原発から一〇キロ圏内の浪江町で採掘された砂利が基礎部分に使用されていたそうだ。

コンクリートは基本的に、砂と砂利と砕石からなる骨材とセメント、水でできている。そしてその骨材である砂と砂利が約八割を占めている。古川氏によると、我が家に使用されるコンクリートは九州産の砂利とのことだった。工務店の川畑さんに聞いたところ、水俣から一〇キロほど離れた津奈木と二〇キロほどの佐敷の採石場から砂利は来ており、砂は船で長崎から水俣港に運ばれて来るそうだ。ただし砂は、もしかしたら韓国から来ているものもあるかもしれないとのことで、改めて九州という地と朝鮮半島との近さを感じたのだった。そしてセメントは、古川氏に調べてもらったところ、山口県宇部市か美祢市、福岡県苅田町のいずれかから来ているそうで、このなかのどこかまでは特定できなかったそうだ。

古川氏と川畑さんの言質を確かめるべく、自分なりに調べてみると、重たくて輸送コストのかかる砂と砂利は、遠くから運んできては採算が取れないらしく、地産地消が原則のようだ。つまり砂と砂利は、地産地消をモットーとする古川氏の家づくりにおいては、かなりの優等生ということになる。

❹ 地産地消という考え方

地産地消というと、食べ物のことを思い浮かべる人が多いだろうが、それだけにとどまらず、実際はもっと範囲が広いのだ。家づくりに使われる原料や材料を考えてみるとよくわかる。砂や砂利だけではなく、木材や壁の土なども地産地消を旨とすべきである。

そして、人もそうである。地元の人にお願いすれば、それだけ移動にかかるエネルギーが少なくてすむ。このように地産地消という考え方は、私たちの日常のあらゆる面に通じるものなのである。

また地産地消というと、費用対効果の面がクローズアップされがちだが、たとえば地元の人にお願いすれば、使い勝手が悪いところや修理が必要になったときにはすぐに駆けつけてくれるし、町ですれ違ったときに、お互いに声をかけ合える。普段の付き合いのなかでいろんな情報交換もできるのである。

熊本市の南に位置する川尻に事務所を構える古川氏は、今回は水俣の建築士にも一部業務を委託している。それは、地元の人を使うことによって、彼自身の知識と技術をその地で伝承していけるからだそうだ。それは、人が回ることで、それに付随する目に見えない多種多様な何かが広がっていくことを意味する。要は、地産地消という考え方は、私たちの想像をはるかに越えたさまざまな波及効果を生み出していくのである。

5 グローバル化と環境汚染

地産地消とは逆の考え方が、グローバル化である。グローバル化した世界では、地球上のあらゆる地域からさまざまな物資が豊かなところへと集まってくる。その一方で、貧しい生産地の住民は置き去りにされたまま、あるいはそれ以上にあらゆる不利益を被るといったことになりかねない。格差がどんどんと広がっていくのである。

以前は、グローバル化が進むとさまざまな地域の人びとがネットワークで結ばれ、「顔の見える」関係が地球規模で広がっていくと言われていたのだが、実際は、まったく逆の現象が起こってしまった。モノの行き来は頻繁になったものの、それが誰の手によって作られたものかなど知らされないし、また知ろうとも思わないのである。これがグローバル化の実態なのかもしれない。

そうなると、どういったことが起こるのだろうか。たとえば、携帯電話や太陽光パネルに用いられ、いまや必要不可欠なものとして知られているレア・アースだが、そのレア・アースは精製の過程で有害な放射性物質トリウムを排出する。その処理をどうするのかという問題は以前からあったにもかかわらず、一般に周知されているとは言い難い。

一九八〇年代には三菱化成が三五％出資してマレーシアに設立した会社ＡＲＥが、工場周辺のブキ・メラ村で環境汚染および住民の健康被害をすでに引き起こしている。企業側はトリウムの危険性を十分に認識していたにもかかわらず、住民側はそれを知らされないどころか、「肥料として使える」とまで聞かされ、トリウムが入った物質を畑にまいていた人たちもいたのだという。よく知らされないまま、チッソ水俣工場からの重金属類が含まれた産業廃棄物であるカーバイドを庭の土止めに住民が使ったり、埋め立てや宅地造成に使ったりしていたという水俣の事例とそっくりである。

水俣での環境汚染が、有機水銀を含む重金属類による海洋汚染だけではないことからもわかるように、公害とは一般に知られているものだけがすべてではないのである。化学工場の周りでは、粉じんや騒音、悪臭、振動による環境汚染・健康被害があるといわれている。今度の我が家はチッソ水俣工場からはかなりの距離があるとはいえ、水俣病が発生した激甚地に建つことになる。そういった土地に家を建てることの意味が何なのか、我が家が建つ目の前の海を見ながら、ゆっくりと考えてみたい。

第5章　「上流社会」からの米と杉

❶ 山の町水俣

水俣は山が多い。こう書くと意外に思う人が多いかもしれないが、水俣市全体の約七割が山である。水俣病発症の原因となった有機水銀を含んだヘドロの海の映像がメディアを通して繰り返し流されてきたからなのか、海の町という印象が強いのだが、「魚《いお》湧く海」とまでいわれた不知火海の豊かな漁場を支えていたのは、実は山から流れてくる栄養分が豊富な水のおかげなのである。湯堂や坪段といった漁港では、海底から水が湧き出る様子が陸側からも見て取れる。海と山は、深くつながっているのである。

最近ではそのつながりが別の面からも、再び取りざたされるようになった。二〇一二年七月三一日に締め切られた通称「特措法」と呼ばれる「水俣病被害者の救済及び水俣病問題の解決に関する特別措置法」の申請に、水俣病発生当時山の方に住んでいた人たちのなかから、かなりの数の人たちが名乗りをあげたのだ。一時金や療養手当などを支給することで、水俣病らしき症状はあるが水俣病とは認めないとし、早期に水俣病の解決を図ろうとして国の主導で定められたのがこの「特措法」なのだが、皮肉なことに水俣病の被害の広がりを逆に実感させるものとなった。

一九八八年に廃線となった山野線は、熊本県水俣市の水俣駅と鹿児島県始良《あいら》郡栗野町（現湧水町）の栗野駅を結んでいた。当時を知る人たちは、この山野線を魚くさい列車だったと言う。それほど、水俣の魚を運ぶ行商の人たちが行き来していたのだった。そして、この列車とともに水俣病の被害も広がっていった。

❷ 我が家を支える合鴨米と杉の木

山野線には、ループ線がある。そのループ線があったところが水俣市大川地区であり、そこに住む吉井家が我が家の食を支えてくれている。水俣川の川上にある吉井家は「上流社会」にあたると「主婦」兼「作家」である惠璃子さんが笑って話してくれた。

そして、そこで飼われているのが、レオという薩摩犬の流れをくむ犬である。不細工で「バカ犬」だと彼女から呼ばれているこの犬が、吉井家を訪ねると私たちを歓待してくれる。ところでこのレオ、私の父（もう亡くなってずいぶん経つが）にそっくりである。父は彼ほど愛想がよくなかったが、レオの小さな目を見ていると、「お父さん」と呼びかけたくなるのだ。ちなみに上野の西郷さんが連れている犬が薩摩犬で、その名を「ツン」という。

吉井家の人気者は、彼だけではない。田んぼでせっせと害虫を食べ、体のなかから稲の生育に必要な栄養分を排泄してくれ、雑草を蹴散らしながら毎日元気に泳ぎ回る合鴨たちを忘れてはならない。この合鴨たちの助けを借りて作られる無農薬米が、我が家の食卓を支えてくれているのだ。

そして今度は、食だけでなく住に関しても吉井家のお世話になる。我が家に使われる木の大半は、吉井家の山の木なのである。その木に囲まれた家に住むと、〈レオ＝我が父〉を時折思い出すことになるのだろうか。薩摩犬はもともと猟犬で、レオも山を駆け回って獲物をとって来るらしいが、その彼が駆け回った山の木が我が家にやってくるのである。

吉井家のレオ

❸ 山の荒廃と環境破壊

吉井家の山のように、手入れが行き届いた山はいまでは珍しい。日本で山の荒廃が指摘されてから随分と経つが、状況はますます悪くなる一方だ。戦後爆発的に増えた杉の人工樹林は、その大半が放置されたままで、木々が密集しすぎて下草も生えない状態である。逆に木を伐採したまま放置しておくと、竹が生えてきて山を覆い尽くす。そして、根が浅い竹が密集した山は保水力が低いため、ひとたび大雨が降れば大災害を引き起こす可能性が高くなるのである。

要は、人工の杉林は手入れを怠ると、しだいに荒れていってしまうのだ。

なぜそうした状況になってしまったのか。それは、一言でいうと、皆が日本の山の木を使わないからである。昭和三〇年代から木材輸入の自由化が段階的に進められていくと同時に、安い木材を買い求めて商社が世界中を飛び回る、という輸入拡大による成長戦略がスタートする。彼らがまず目をつけたのが、東南アジアのラワン材だった。そして無計画な伐採により、熱帯雨林保護が問題となるや否や、次のターゲットである米国へと場所を移す。しかし、そこでもマダラフクロウの保護問題が起こると、そそくさと今度は北欧やロシアへと移っていった。木材のグローバル化である。

ところが、それらの地域での森林破壊も深刻さを増しているという。特に、地球の森林面積の約二割を占めるタイガと呼ばれるロシアの森林の伐採は、大きな問題である。永久凍土を覆っていたそれらの森林がひとたび伐採されると、その凍土が融けて砂漠化する。そうなると、その森林が再び元に戻ることはない。

輸入材を使った家を購入する消費者は、自らの選択が地球のどこかで環境破壊を起こしているかもしれないなどとは、おそらく考えもしない。総合商社が輸入する安い木材を使って利益をあげようとする建設業者と、少しでも安く家を建てたいと思う消費者の利害の一致が、一方で、日本の山の荒廃を招いているのである。「日本には切らなければならない木が山ほどあるのに、切ってはならない外国

吉井家の合鴨

の木を、地球の反対側から重油を炊いて輸入するのはどう考えてもおかしい」という古川氏の意見は、もっともである（「熊本の木で家をつくる会」ホームページより）。

❹ 守る／守られる関係

では、人間にとってなくてはならない山林を守るために私たちができることは何か。たとえば熊本に住む人であれば、家を建てるときに熊本の山の木を使うだけで山を守ることになる。

我が家には、吉井家の水俣の山の木以外に、「熊本の木」が使われる予定だ。熊本の木とは、県内に建てる家の構造材に県産木材を五〇%以上使用する場合、抽選で杉の柱などの県産木材をプレゼントするという事業を県が行っており、その木材のことである。我が家も応募して見事当選した。熊本は水と森が豊富な地である。それは、阿蘇をはじめとした山々があるからだ。その山を守るための試みを行政も後押ししているように思える。

我が家に使われる構造材は、割合からいうと、吉井家の木をはじめとした水俣の木が八割、県からプレゼントされた木が一割、古川氏所有の古材が一割といったところだろうか。熊本市川尻の民家の廃材を利用した古材をアクセントとして使用すると、味わい深い空間になることを古川氏が手がけた家を見て実感したので、我が家にも使ってもらうことにした。

こうした三種類の木に囲まれた家で生活することが、どういう意味をもつのか。それは、地元の山の木で建てた家に住むことが、山を守ることにつながることを感じながら暮らすことなのではないだろうか。そして、私たちがそうした家で日々の暮らしを営むというあたり前の行為が、ひいては私たちが山に守られることにもなるのである。こうして、守る／守られる関係が成立する。しかもその山は、抽象的な誰かの「山」ではない。我が家でいうと、吉井家の山なのである。

5 顔が見えるということ

木材をはじめとして、我が家を形作る材料がどこから来て、それを誰が加工するのかが見えるのが、古川氏の提案する家である。できるだけ地元にある材料を使い、地元の職人さんがそれを加工し、組み立てていく。住んでいるうちに微調整が必要になったり、修理が必要になったら、すぐに駆けつけてくれる。

大手住宅メーカーの家であったら、そんなわけにはいかない。不具合を確認しに来るだけで、出張費と称してお金を請求されるかもしれないし、そうやって修理をするとけっこうかかると言われ、挙句の果てに修理すればまだ使えるにもかかわらず、買い替えさせられたりする。顔が見えない関係だと、結局、金銭的に割に合うかどうかで判断せざるを得ないのである。こうして廃棄物が増え、環境への負荷も高まるという悪循環に陥ってしまうのだ。

吉井家の田んぼでは、我が家のような合鴨オーナーが年に二回、田植えと稲刈りに駆けつける。二時間ほど作業を行った後、皆で昼食をとりながら雑談を楽しむ。いわば、生産者と消費者の親睦がここで図られるというわけだ。

残念ながら私は、仕事の都合でまだ参加したことがないのだが、夫は毎回参加している。参加した後は即行で温泉とマッサージに行くという、なんとも頼りない姿をさらけ出してはいるが、参加できない私は田んぼや吉井家の人たちの様子、参加した人たちの顔ぶれといった夫からの報告を楽しみにしている。今日は若い人たちがたくさん来てくれたから助かったとか、恵璃子さんのパートナーのマウンテンバイクの話が面白かったとか、Nさんが今回もたくさんビールを飲んだとか、他愛もない話が面白いのだ。

水俣は、山と海とが交差するようにさまざまな人が行き交う町だ。水俣病の苦い経験があったからこそ、よそからいろんな人がこれまでも訪ねて来たし、これからもやって来るだろう。しかし同時に、水俣病によって地域の人たちが分断された歴史をもち、その後遺症をいまだに引きずっている町でもある。それを解決するためには、人と人とが正面から向き合い、対話を重ねていくことしかないのでは、と思ってはみるのだが。

第6章　楽じゃないけど楽しい暮らし

❶ 冷水《ひやすじ》の元祖「エコハウス」

水俣の冷水で、月三万円の暮らしを楽しんでいる女性がいる。市役所の職員であるその女性は、今回の我が家を建てるにあたって、何かとお世話になっている。「水俣エコハウス」を参考にして建てられる今度の家は、水俣市から補助金が出ることになっており、彼女が在籍する環境モデル都市推進課がその窓口となっているのだ。

先日、彼女のお宅にお邪魔させてもらった。まず、家の裏庭ともいえる冷水水源を案内してもらう。水の流れる側溝沿いの小道を数分歩いていくと、水源を抱えた静かな池があった。国道三号線からほんの僅かばかり逸れただけなのに、そこには別世界が広がっている。水神様が祀られ、清水がこんこんと湧き出るその地は、夏であるにもかかわらずひんやりとしている。そして木々を覆う葉の隙間から流れ込む日射しのためか、そこは幻想的な雰囲気を漂わせている。

この水源から湧き出る水は、周辺の住民の生活用水となっている。年間三〇〇〇円の使用料を払えば、その水を家のなかへと引くことができるのだ。ただし、農業を営む世帯は、年間一〇〇〇円の使用料となる。

彼女の家には、電化製品が少ない。テレビがないのは我が家も同じだが、電気釜や電子レンジ、電気掃除機も見あたらない。電気の使用量は、必然的に少なくなるはずだ。そして、薪で沸かす五右衛門風呂だから、ガス代も安くてすむ。一五坪余の家の家賃はただ。一番高いのが一万数千円の通信費（携帯・インターネット代）で、それを含めて月々の基本的な生活費がだいたい三万円なのである。

だからといって彼女の暮らしが貧しいのかというと、そんなことはない。築七〇年の民家を近所の人たちがお金をかけずに、手作りで補修したその家の土壁に使われている有名デパートの包装紙をブランド壁紙と夫は呼んだが、そのことばに妙に説得力があったのも、彼女の暮らしぶりが実に豊かだったからなのである。

② 新築があたり前という不思議

日本全国、いまや空き家だらけで、住宅は余っている。本来ならば、住むところがないなどという悩みが聞かれることはないはずなのに、なぜか需要と供給のバランスがうまくいっていない。中古住宅市場が成熟していない日本では、空き家に関する情報が行きわたっていないし、必然的に需要も喚起されないという悪循環に陥っているのだ。原発事故後、避難先を求めていた人たちにそうした情報

五右衛門風呂を沸かす様子

が届いていたならば、どれだけ役に立っただろうかと思うと、残念でならない。

数十年もの長期にわたるローンを払ってでも新築をと考える人が多いことも、中古住宅市場が育たない原因のひとつであることは間違いない。しっかりとした物件であれば、むしろ中古住宅のほうに価値があると考えるヨーロッパの国々とはだいぶ事情が異なる。補修しながら長くもたせようという感覚に乏しい、としか言いようがない。家でさえも使い捨てが前提となっているのである。

最近の新築住宅は、三〇年もてばいいほうだと考えられている。昔の家が平気で一〇〇年もったのに比べると、格段の差である。人口の移動が激しく、必ずしも子が親の家を継がなくなったという事情があるのかもしれないが、中古住宅として誰かが引き続き住んでくれることが見込めるのであれば、そんな選択にはならないはずだ。しかし大手住宅メーカーは、新築の住宅をどんどん作り、ばんばん売るほうがもうかるから、そんな意識を育てようとはしない。

子どものいない私たち夫婦がとった選択は、古川氏が提案する一〇〇年以上もつ家であった。五〇代の私たちが今度の家に住むのは、三〇年かそこらだろうし、その先はどうするのかという疑問が当然浮かぶであろう。私としては、いずれは水俣を拠点に研究したいと思う若き研究者たちの滞在先にこの家がなれば、と密かに思っている。そのためには管理をゆだねられる人を探さなければならない。その点が、今後この地で暮らしていくなかでの課題となりそうだ。

❸ 手間のかかる「エコハウス」？

先に紹介した「水俣エコハウス」は、概して地元の人たちの評判は芳しくない。その不評のひとつに、維持管理に手間がかかるということである。玄関の戸や窓枠などが木で作られているその家は、微調整が時折必要となる。アルミサッシだとそんなことはないのだが、木は雨期には水分を多く含むために膨張し、乾期には縮むといった性質をもつためである。つまり、木は生きているのであって、その木とうまく付き合っていかなければならないのだ。それが面倒だと考える人が、あんがい多いのかもしれない。

しかしその「面倒な」微調整を自分たちでやる必要はない。というか、そんな職人技を素人である私たちができるはずもないし、古川氏も期待してない。家を作ってくれる職人さんたちに頼めばいいのだ。そこが地元の職人さんに頼むことのメリットにつながっていくのである。

その頼む手間さえも面倒だと考える人にとっては、「エコハウス」が不便に思えても仕様がない。そう考える人にとっては、メンテナンスがやりやすいように工夫され、頻繁に人の手は要るにしろ最小限の補修で何十年も暮らしていける「エコハウス」的な家よりも、一〇年ほど経つと大型補修が必要となり、かなりの出費を強いられる大手住宅メーカーが供給する家のほうが、魅力的に映るのだろう。

その最小限の補修ですむ工夫のひとつを紹介しよう。「水俣エコハウス」には長く張り出した軒下に縁側がある。その材料である木は、雨がかかる部分は五年ほどでだめになる。しかし、軒先と平行になるように設置しておけば、取り換えは三枚のみですむ。一般的には、三年ごとの塗装によるメンテナンスが行われているようだが、三枚分の取り換え費用とそれほど差がない。なお、塗装不要のMD材なるものもあるようだが、古川氏曰く、「比重が高く、夏の直射日光に当たると五〇度を超えてしまい、室内を暑くしてしまう」のだそうだ（『建築ジャーナル』二〇一〇年一二月号より）。「水俣エコハウス」にある縁側と同じようなものが、我が家にもつくらしい。古川氏によると、「外部でもない内部でもない空間は気持ちが良い」とのことで、今から楽しみである。

そして、「水俣エコハウス」にあって、我が家にはないものが薪ストーブである。その理由は第7章に出てくるのでここでは書かないが、薪ストーブで思い出したのが、先に紹介した冷水に住む女性の家にある五右衛門風呂であった。

❹「不便」を楽しむ豊かさ

その家は、彼女が住み始める一〇年ほど前から空き家になっていたそうだ。家のすぐ裏に水路があるため湿度が高く、暮らし始めた当時は風呂場の壁材として使った青竹にもカビが生えたりしていたのだが、五右衛門風呂を沸かすためにくべる薪からでる煤の効果なのか、今ではその竹にカビが生えることはないし、それどころか竹が燻されていい感じになってきたのだという。このままでいくと、彼女の孫の代には囲炉裏の煙でいぶされてできる、今となっては貴重品の煤竹ができる(?)のも夢ではないかもしれない。

煤竹で一儲けしようにも少なくとも百年先だし、スイッチを入れれば簡単に沸く風呂を選択するほうが合理的だと考える人が多数派だったとしても仕方がない。しかし彼女は、ひと手間もふた手間もかかり、時代錯誤だと思われている五右衛門風呂での生活を楽しんでいる。そして、電化製品に囲まれていなくても、何不自由なく暮らしている。こぢんまりとした居間で、南から北に抜ける風に吹かれながらいただいた冷たい緑茶が、やけにおいしく感じられたのだった。

いったい便利さとは、何なのだろうか。休みの日には、涼しい居間に寝転がっ

五右衛門風呂と竹の壁

て昼寝を楽しんでいるという彼女が住む家は、いろんなものの風通しがいい。おいしい水は流れて来るし、野菜や食べ物もやって来る。近所の人がおすそ分けで置いていくのである。そして近所だけではなく、遠くからも人がやって来る。家とは住むところというだけではなく、さまざまな物や人が行き交う場なのである。

しかも彼女の家は、水が高いところから低いところに流れるように、その道筋が見える。水道の蛇口のその先がどこにつながっているかなどわからないし、知ろうとも思わないのが一般的な家なのだろうが、彼女の家では、水がどこからやって来て、しかもどういう経路で流れて来るのかが見える。近所の人が補修してくれた家は、誰がどこをどうやって直したのか、その痕跡が伺える。周りの人たちへのあいさつや気遣いを欠かさないようにすることだけが、この家に住むにあたって唯一気を遣うことだという彼女の生活が不便だとは、とても思えない。

そして家とは、周りの環境も含めた場であることが実感できる。裏庭にあたる水源も、南側からのぞく隣の畑も、もっというと近所の家も彼女が生活する場を構成するものたちである。すべてが彼女の暮らしを彩どり、豊かにしてくれている。

彼女の家を訪問してわかったのは、一見すると不便に思える暮らしが、非常に合理的で便利だということであった。そして何よりも、その暮らしぶりが実にかっこいいのである。

第7章　「オール3」の家とほどほどの夫

❶ 猛暑のなかの灼熱セミナー

毎年八月の暑い日に、「水俣エコハウス」では灼熱セミナーと称するイベントが行われる。「灼熱」という名がつくだけあって、わざわざ夏の暑い日に、それも午後の気温が一番高くなる時間帯を選んで行われるのだ。そして、「水俣エコハウス」を設計した古川氏がそこに講師として招かれ、その家の涼をとるさまざまな工夫について語るのである。

二〇一二年は八月五日に開催された。軽量鉄骨のアパートは連日三六度を記録し、熱中症の危険と隣り合わせの生活を強いられる場所から抜け出して参加した私たちにとっては、どんな暑さにだって耐えられる自信はあった。ちなみに、我が夫は軽量鉄骨とはいわゆる「プレハブ」のことだと私から指摘されるまでつゆ知らず、それどころか軽量鉄骨のアパートは、断熱性の高い優れた住宅だと勝手に思い込んでいたようだ。夏は暑くて、冬は寒いこのアパートのどこが優良住宅だというのだろうか。勘違いも甚だしいのでは、と彼を責めても暑さが解消されるわけではない。

現地に到着すると、受講者一二名と関係者八名、合わせて二〇名が参加していた。私たちが加わって、総勢二二名である。それって、ただそれだけで暑さが増す状況、つまり人ひとりの発熱量

「水俣エコハウス」での灼熱セミナーの様子

が約一〇〇Wのヒーターに相当するといわれているため、二二人だと二二〇〇Wのヒーターを入れているような部屋の状態なのだ。しかし、そういった状況であったにもかかわらず、それほど不快には感じられなかった。というか、灼熱地獄のアパートからやってきた私たちにとっては、予想をはるかに上回る快適さだったのだ。風通しのいい木の家がいかに涼しいかを体感した瞬間であった。

❷ 涼しさの「秘密」

古川氏の説明によると、「水俣エコハウス」の特徴のひとつは軒が深いことだ。それによって、夏の直射日光を家の中に入れずにすむ。当日は、縁側に温度計を並べて、直射日光のあたるところとあたらないところ、そして室内の温度を比べてみるという実験も行われた。結果は、直射日光があたっている縁側では四一度、日陰では三五度、室内は三一度であった。

そして、窓をできるだけ大きく取り、しかもその窓から入ってきた風の出口を作ってやることも重要だとのことだ。要は、風の通り道を作ってあげることで、それによって体感温度も違ってくる。風速一mにつき、一度体感温度が下がるといわれているのだ。「水俣エコハウス」では、西側の無双窓から入った風が東側の階段上にある高窓ジャロジーから出ていく。そして、その窓口は軒が長く伸びているので、「夏は一日中開け放しでも良い」のだという（『建築ジャーナル』二〇一〇年一二月号）。「電気代が要らない換気装置」であり、これが、第２章で説明した二四時間換気設備の設置を強いる建築基準法の矛盾に対する解決策でもある。

我が家にも「水俣エコハウス」と同じような高窓ジャロジーがつく。そして同じように、第１章で登場した「床下の風を取り入れる穴」もつく。夏の夜から朝にかけては、そこから室温より二度ほど低い空気が流れ込むというわけだ。そして湿度の調整は土壁に塗られた漆喰と、ふんだんに使われている木や、障子とふすまの紙が行ってくれる。特に漆喰は、室内の湿度が高いと吸湿してくれるし、湿度が低いと放出してくれる。人の体感温度は、同じ気温でも湿度が違うと変化するから、漆喰を使うだけで夏は涼しく、冬は暖かく感じられるのである。

その他、天井が高いことや庭が土であることも夏の涼しさに貢献しているはずだ。天井が高ければ、見た目にも暑苦しさを感じないし、熱い空気は上から逃げるのではないだろうか。また、庭が土だと打ち水をすればひんやりするだろうが、コンクリートだとそういうわけにはいかない。

我が家の立地条件から考えられる問題としては、西側の窓をどうするかというのがある。海に面した西側は、景色はいいのだが、海からの強風と西日対策が必要なのだ。そこで古川氏から提案されたのが、台風などの風にあおられるのを防ぐために軒をこの部分だけは短くすることと、西日が入るのを極力抑えるために窓を小さくすることだった。「家は夏を旨とすべし」

が基本であることを考えると、眺望を多少犠牲にすることは仕方がない。あくまでも抵抗しようとする夫を尻目に、その提案を受け入れた。結局、それは「犠牲」ではなく、新たな楽しみ方につながるのだが、それは後日明らかになったことで、第11章で改めて説明することにする。

❸ 薪ストーブの誘惑

ところで夏の暑さ対策はいいとして、冬の寒さ対策はどうするのか。水俣の冬が意外と寒いことも忘れてはならない。寒い時期が東京に比べるとひと月ほど短いだけで、寒さはそれほど変わらない。しかも、昔ながらの家は寒いというのが定説である。伝統構法をふんだんに取り入れた家の寒さ対策をどうするのかは、大きな課題であるはずだ。

「水俣エコハウス」には薪ストーブが設置してある。しかも、玄関の一番目立つ場所に置かれている。それを見ていた夫は、薪割りは自分の仕事だと張り切っていた。

ある日、私が古川氏に尋ねた。「うちも薪ストーブがほしいのですが」。ちらっと夫のほうを見て、「いや、アウトドアが好きな人には薦めますが、そうでない人には無理でしょう」との答えだった。都会もんのもやしのような夫の姿を見て、賢明な判断をしてくれたようだ。

そこで代わりに提案されたのが、床暖房であった。床暖なら東京のマンションにもついているし、その暖かさは実証済みだ。床に直接触れる足先から暖かさが全身に伝われば、室温がさほど上がっていなくともそれほど寒いとは感じない。非常に効率の良い暖房システムである。

問題は、熱源をどうするかである。選択肢は二つで、ガスか電気のいずれかである。我が家は前者を選択した。理由は二つある。ひとつは原発事故がきっかけで水俣に移住してきたのに、電気を熱源に選ぶのには抵抗があったことと、もうひとつは電磁波の問題である。化学物質過敏症患者は電磁波過敏症を併発する人が少なくないことを考えると、電気にするわけにはいかない。「シックな私」としては、ここはガスしかない。

ただし、風通しを良くするために床が通常の住宅よりも高くなる古川氏の提案する家は、マンションのように効率よく床暖が使えるわけではないらしい。床が温まるまで時間がかかるし、マンションほどは温まらないのではないか、とプロパンガスの業者さんに言われた。ここにも「ほどほどが良い」という古川氏の考え方が反映されているように思うのだが、どうだろうか。

❹「成長神話」とほどほどの暮らし

古川氏は、「オール3」の家を目指している。それは、「夏は暑くない程度、冬は寒くない程度」の「ほどほどの家」ということになり、「足るを知る普通の家」と「水俣エコハウス」のホームページでは表現されている。

この「ほどほど」という考え方は、水俣病を経験したこの地にあっては重要な意味をもつ。それは、私たちが多少の不便をいとわずに、「ほどほど」の暮らしを営んでいたならば、より便利なものをと望まなければ、水俣病のような甚大な被害は起こらなかったかもしれない、と思えるからだ。

たとえば私たちの身の回りにあたり前のようにあるプラスチック製品を考えてみよう。そこには水俣病の加害企業であるチッソが大きくかかわっていた。チッソ水俣工場がつくる化学製品は、プラスチックや塩化ビニールを加工しやすくするための添加物、つまり可塑剤で、プラスチックの成型になくてはならないものだった。しかも、日本全体の八割を占めるほどの生産量であった。そのプラスチック製品を便利だからと大量に使い続けたのは、いったい誰だったのか。

水俣病とは、一地方でたまたま起こった不幸な出来事なのではなく、私たちの生活と密接に関係している問題なのである。もちろん公害問題には、加害者と被害者がおり、そこには国や県という共犯者がおり、そうした関係をうやむやにするような動きには注意が必要である。しかし、それと同時に私たち自身の加害者性についても考えてみなければならない。それは、「チッソは私であった」という緒方正人さんの言葉の意味を深く考えてみることでもある。

熊本県葦北郡女島の漁師の家で生まれ育ち、自らも漁師である緒方さんは、自主交渉派の川本輝夫さんとともにチッソを相手に闘ってきた。しかし、あるときその闘いから身を引くと同時に、自らの水俣病認定申請も取り下げたのだった。急性劇症型水俣病で亡くなった父をはじめとした多くの水俣病患者が出た家で育った彼が、有機水銀の毒に侵されていることは、行政側が何と言おうと、誰しもが認めていることだった。その彼が、近代化の恩恵を受けてきた自らの暮らしを顧みずに、被害者としての権利のみを主張することに疑問を抱き、水俣病認定申請も取り下げるという選択をしたのである。

高度経済成長の負の部分が水俣病をはじめとした公害であり、今回の原発事故であったはずだ。しかしその「成長」自体を「正」としてとらえてしまってよかったのか、そうした前提自体を見直さなければならなかったのではないか。私たちが目指してきたものの先に何があったのかを考えると、「成長神話」などとっくに崩れ去ってしまっていいはずなのに、いまだに「成長」の看板を降ろそうとしない社会のあり方に疑問をもたざるを得ない。「オール3」という古川氏の考え方から、こうした近代化のひずみについて再考をうながされたのだった。

第8章　伝統の灯を絶やすのは誰だ

❶ わら床の畳のすごさに痺れた

第7章で紹介した灼熱セミナーの続きである。主催者の予想をはるかに上回る人たちが参加していたため、遅刻していった私たちが座れたのは畳の部屋の隅だった。水俣のアパートの畳で、足の痺れに悩まされていた私は、長時間にわたるセミナーを思い、おそらくうんざりといった顔をしていたに違いない。ところが、しばらく座っていて気づいたのだが、正座をしているのに足が痺れないのだ。アパートの畳では三分ともたないのに、不思議だった。

セミナー終了後、そのことを古川氏に伝えたところ、畳床が稲わらだからではないかとの説明を受けた。水俣のアパートに入居するときに、新品の畳表のにおいにどうにも我慢できず、自分で費用を払ってまで低農薬の畳表に張り替えたのだが、古川氏に指摘されるまで、畳の中身にまで注意を払うことはなかった。しかも古川氏は、さらに衝撃的な事実を教えてくれた。それは、畳床にわらを使わなくなった大きな理由が、畳屋さんの都合だということだった。「一枚一〇〇〇円も利益が出ない三八キロのものを、エレベーターのない最上階までかついでいくのは大変である。それでダニのせいにしてスタイロに替えてしまった」のだという（『建築ジャーナル』二〇一二年二月号）。畳に関しても、G・リッツアがいうところの「マクドナルド化」が進行していたのである。

「スタイロ」とは、発泡プラスチック系の断熱材の一種であるスタイロフォームのことで、ダウ化工（株）の登録商標である。しかしながら、古川氏も記事のなかで引用しているように、そうした断熱材を使用しているもの全般をそう呼ぶことが多い。と思っていたら、夫は知らないという。なんと無知なとあきれていたのだが、アパートの畳表でお世話になり今度の家でもお願いすることになる一期崎《いちござき》さんに尋ねたところ、畳屋さんが使用するメーカーや地域によって呼び名が変わるらしいとのことだった。改めて、夫婦間の「断絶」を思い知ったのであった。

❷「マクドナルド化」が進行する社会

ダウ化工（株）のホームページにあるスタイロ畳の説明が面白い。「畳床にスタイロフォーム™を使用していることでワラ畳と比べはるかに軽く、強度・耐久性は、従来のワラ畳床と同等です」とあり、この説明書きによると、スタイロ畳の最大の利点は軽いということになる。では、その利点によって恩恵を受けるのは誰なのか。

畳床のことを知るには畳屋さんにということで、再び一期崎さんに聞いてみた。なお、一期崎さんは水俣市が認定する「環境マイスター」である。この環境マイスターとは、環境や健康に配慮したものづくりを行っており、かつ水俣病に関する知識も有した人に与えられる称号である。彼の説明によると、「建材床」と「わらサンド」、「わら床」の三種類が畳床にはあるそうだ。そのなかでわらが一切使われておらず発泡プラスチック系の断熱材が間に挟み込まれているのが「建材床」で、全国的には九割近くがこのタイプらしい。確かに軽い畳が一番売れているようだ。畳の「マクドナルド化」はどうやら間違いなさそうである。ちなみにわらの良さをわかってもらう努力をしている一期崎さんのところでは、「建材床」の売り上げは一割程度で、発泡プラスチック系の断熱材をわらで挟んだ「わらサンド」が売り上げの八割を占めている。

ファースト・フード店であるマクドナルドでは、食べ物の注文から後片づけまで客である私たちが働かされる。非常に効率的なシステムに思えるのだが、それによって誰が一番得をしているのかというと、経営者側である。人件費を安く抑えられるからだ。

安い商品を提供されているように見えるので客側も得をしていると思いがちだが、安いものにはそれなりのリスクが伴う。米国のドキュメンタリー映画『スーパー・サイズ・ミー』（二〇〇四年、M・スパーロック監督作品）でマクドナルドの飲食物のみで一か月生活するという実験を行おうとした監督に

わら床（上）とわらサンド（下）

対し、途中でドクターストップがかかったのも、添加物だらけの食べ物に体のほうが悲鳴をあげたからに違いない。そしてマックフライポテトのように、一定のサイズの商品を作り出すのにどれだけのじゃがいもが捨てられているのかを考えると、効率的に一見思えるシステムが実は非効率なのだということがわかるはずだ。

「マクドナルド化」とは、マクドナルドを成り立たせているこうした考え方が、あらゆる生活の場面に広がっていくことである。たとえば、自然であるはずの分娩ができるだけ勤務時間内に行われるように陣痛促進剤でコントロールされたり、分娩時間を短縮するための開陰切開が安易に行われたりと、病院側の都合が優先されるという現状がある。お葬式も悲しむ暇さえ与えられずに手際よく業者の手によって遂行される。まさに、ゆりかごから墓場まで「マクドナルド化」が進行しているのである。

しかも、私たちにはそうでない選択をしたくても、その選択肢すら与えられない。一般の病院でお産をする限り、陣痛促進剤を使うことや開陰切開をすることなど、妊婦やその家族に事前に知らされることはおそらくないし、ほとんどの人が病院で亡くなる昨今、死亡と同時に有無をいわさず葬儀屋に連絡を取るように促される。私たちに考える余裕など与えてくれない社会が作られつつあるのだ。

❸ このままだと消えてしまうもの

畳にわらが使われなくなって失われたのが、畳の吸湿効果である。特に、高温多湿な南九州の地にあっては、本来はわらが一番適しているはずである。それ以外にも私の足を痺れから救ってくれたのだからクッション性においても優れており、保温性も高く吸音効果があるともいわれている。これほど優れたわら床が、ここ数十年の間に壊滅的な打撃を与えられたのだった。家の洋風化にともない、畳の需要自体も減っている。

そして、畳と同様に最近の家から消えつつあるのが、ふすまと障子である。代わりに多用されているのがカーテンだ。しかし、カーテン生地は多くの化学薬品を使って作られるので、環境のことを考えるとあまり積極的には使いたくない。水俣のアパートではオーガニック生地のカーテンにしているが、東京のマンションでは気にしなかった。おそらく私のシックハウスの症状がでる原因のひとつとなったはずだ。ただし、オーガニック生地を使い環境や健康に配慮してあったとしても、所詮はカーテンであって、ふすまや障子のように湿度の調節はしてくれない。木と紙という素材は、吸湿性に富んだ優れものなのである。

そしてもうひとつ忘れてはならないのが、昔ながらのいぶし瓦である。「水俣エコハウス」にも使われているし、我が家の屋根もそれになるらしい。このいぶし瓦は長持ちするのだそうだ。改造した蔵を使っている古川設計事務所では、百年経ってようやく瓦の交換をしたそうである。

セメント瓦やスレート瓦は何もメンテナンスをしなければ、耐用年数一〇年、よくもって二〇年だし、長持ちさせようとしたら数年ごとに塗装が必要になる。価格も一平米あたり、セメント瓦で五五〇〇から九〇〇〇円、スレート瓦で三五〇〇から九〇〇〇円、いぶし瓦で六八〇〇から一二〇〇〇円となり、時間という要素を入れると、昔から使われていたいぶし瓦のコストパフォーマンスが悪いとはけっしていえない。

しかし、洋風建築やそれに合わせたカラフルなセメント瓦がもてはやされている現状がここでもあるようで、昔ながらのいぶし瓦は苦戦を強いられている。「最近洋風建築といって急勾配の屋根が多くなったが、軒の出は短くなるし、屋根には上れない。洋風の建築はデザインが良いというが、機能無視も甚だしい」との古川氏の辛口のコメントを添えておく（『建築ジャーナル』二〇〇九年九月号）。

❹ 長い目で見れば

我が家は、水俣における「エコハウス」第二号になるのだろうか。「エコハウス」的な家がなかなか広まらないのは、水俣にある材料をできるだけ使い、伝統構法をふんだんに取り入れてつくる建物は、手間がかかり割高になることがその一因なのだろう。しかし、こうした家は本当に高いといえるのだろうか。今回見てきた「伝統」なるものの数々を考えてみると、最近出てきたものよりも耐久年数ははるかに長い。家自体も百年平気でもつし、微調整や修理をその都度行っていれば、大型補修などの高額な費用のかかるメンテナンスも必要ない。何といっても最後は自然に戻せる材料がほとんどで、産業廃棄物がゼロに近いということを考えると、長い目で見たら言われているほど高くはないはずだ。

私たちは、「発電時には二酸化炭素を出しません」という電力会社が原発の利点を強調するために使う常套句に長い間騙されてきた。「発電時には」という但し書きの意味を深く考えなかったし、原材料の輸送の際やいずれ廃炉になる発電所の処理のときに出る二酸化炭素がそこには含まれていないことに、もっと早く気づくべきだったのだ。

そして、発電時の燃料のもととなるウラン鉱石の採掘や精製の際に生じる被ばくのリスクや、原発労働者や使用済み核燃料の問題など、考えなければならないことは多数ある。要は、原発問題にしろ、家づくりの問題にしろ、物事は長い目で見る必要があるのだ。家を構成する「伝統」なるものたちが、そんなあたり前のことを教えてくれる。守るべきよき「日本の伝統」の灯を絶やそうとしているのは、私たち自身の短絡的なものの見方なのかもしれない。

第9章　最新のものには細心の注意を

❶ モデルチェンジは必要か

夫が長年愛用しているひげそりの替え刃が消滅しかかっている。主流は四枚か五枚刃に移ってきているようで、二枚刃を探すのに苦労するらしい。二枚刃で何の支障もないし、値段も安いのに、そのうち高い四枚か五枚刃に強制的に替えさせられる日が近いと嘆いている。

これはなにもひげそり製品に限ったことではない。いま、ワード二〇一〇を使ってこの原稿を書いているのだが、最近はだいぶ慣れてきたとはいえ、たとえば文字に傍点を打つといっためったに使わない機能が必要になったときなど、操作方法を思い出すのに時間がかかる。それ以前に使っていたワード二〇〇七にやっと慣れてきたと思いきや、パソコンを買い替えると同時にソフトまで有無をいわさず変えさせられるのだ。数年後にはまた同じことを繰り返さなければならないかと思うと、うんざりする。誰のためにこうした改良が繰り返されるのか、考えてみる必要があるのではないだろうか。

❷ 廃番にならないもの

我が家の居間を明るく照らす照明器具は、三〇年間モデルチェンジが行われていないものになるらしい。ここにも古川氏のこだわりがある。モデルチェンジが次々と行われて廃番になると、製品の一部が壊れたとしても部品が買えないので、まるごと買い替えなければならなくなる。したがって、既製品を使わなければならない場合は、今後も作り続けられるであろう定番を選ぶのが基本となる。

しかし、それでも廃番の恐れがまったくないとはいえない。そこで、その恐れを限りなくゼロにするために、地元の大工さんが作れるものは、それを採用することになる。その代表的なものが、台所と洗面化粧台、浴室だ。キッチンは、写真にあるように、基本的には木とステンレスでできている。洗面化粧台と浴室は、木とホーローである。古川氏曰く、「地元の大工で地元の材料でつくれば特注にもならないし、廃番もないし、修繕は永久に可能である」とのこと（『建築ジャーナル』二〇一一年二月号）。

もしも各メーカーが売り出しているシステムキッチンや、洗面化粧台、ユニットバスを使用するとなると、毎年モデルチェンジが繰り返され、古い型はどんどん隅へと押しやられる。そして、メーカーの部品保存期間である五年から八年を過ぎてしまうと部品がなくなってしまい、修理が必要になる頃、たとえばトイレの便器でいうと一五年後には修理できないということになる。結局、

「水俣エコハウス」の台所

すべてを取り替えなくてはならなくなってしまう。「ちょっと便利なものは、壊れたらおしまいと思っていい」（前掲書）という古川氏のことばが現実味を帯びてくるのである。

❸ 改良型は「エコ」である？

こうした矛盾は、「エコ」を謳い文句にした改良型にも表れる。たとえば便器の最近のキーワードは、「節水」である。しかしこの改良型には、大いなる矛盾が潜むと古川氏は言う。どういうことかというと、使用水量だけで比べると、六Lから四・八Lと節水便器は従来型より少ないのだが、少ない水で汚物を流すためには水圧が必要なため、さまざまな工夫が必要となり、その工夫のひとつとして電気を使った圧力ポンプが使われる場合があるのだという。しかもそのポンプを動かす電気代のことにはいっさい触れずに、「エコ」製品であることをアピールしているのだそうだ。そして、ここでも「この手のエコ便器は毎年改良型新製品が登場しているが、毎年発売する部品をいつまでつくってくれるか疑問である」と古川氏はつぶやいている（『建築ジャーナル』二〇一〇年一〇月号）。

こうした予備知識がなかった私たちは、当初は単にすっきりしていてオシャレに見えるからという理由で、タンクレスにしたいと言っていた。このタンクレス便器の多くに、電動の圧力ポンプが使われているのである。古川氏の指摘以前は、メーカー側の期待どおりの消費者を私たちは演じていたというわけだ。

❹ 余計なお世話

我が家に設置する予定のトイレにはついていないが、人が近づくと便座の開け閉めを自動的に行ってくれるものや、便座や洗浄水をそのときだけ温めてくれるものなど、一見便利そうな機能を兼ね備えた製品が最近のはやりのようだ。そして、瞬間暖房便座や瞬間温水シャワーは便座や水を常に温め続けておく必要がないため、電気代の節約にもなるという。つまり、すぐれた「エコ」商品だとの謳い文句なのだ。

確かにその部分だけをみればそのとおりかもしれないが、人感センサーを働かすにはそれを常にオンの状態にしておかなければならないし、自動で便座やシャワーの暖房スイッチをオン／オフにするためには電気が要る。便座や洗浄水を使うときだけ温めたいのであれば、なにも自動である必要がなく、手動で行えばいいではないか。現に、我が家では夫も私もそうしている。余計な機能がつけば製品の価格にそれが反映されて高額になるのだし、多機能で複雑な設計になればなるほど故障も多くなる。シンプル・イズ・ビューティフルだと思うのだが、それではダメなのだろうか。

大手住宅メーカーがその売り出しに力を入れている「スマートハウス」も、余計な機能が満載された反「エコ」商品に思えてならない。IT（情報技術）を使ってエネルギーの消費をうまく制御できる住宅のことをスマートハウスと呼ぶのだそうだが、具体的には太陽光発電システムや蓄電池などの省エネ・創エネ設備を備え、それらを含めた家電、住宅機器などをHEMS（家庭用エネルギー管理システム）で一括管理していこうとするものである。電力使用量を可視化することで省エネ、節電が達成できるというのだが、この装置自体がけっこうな金額になる。古川氏によると、「創エネ装置と蓄電池をつけ、HEMSで管理をする装置は五〇〇万円～七〇〇万円かかる」そうだ。ただし、国から補助金三五〇万円が支給されるので、実質コストは一五〇から三五〇万になる。とはいっても、けっして安い値段ではないし、〈エネルギーを使わない＝省エネ〉だとすれば、スマートハウス的考え方はずれていやしないだろうか。そんなおかしなシステムに、もとをただすと私たちが払った税金からねん出されているはずの補助金がつくとは、どういうことなのか。「エコ」という隠れ蓑をまとって、余計なものを買わせようとしているようにしか思えないのだが。

❺ 進化するトイレと消費社会

私たちは、「これは必要だから」、「これを買うと便利だから」といって物やサービスを購入する。しかし、本当にそれが必要なのか、あると便利なものなのかを立ち止まって考えてみると、そうではなかったということも多々あるのではないだろうか。フランスの哲学者J・ボードリヤールが予言した生産と消費のシステムについて、いまいちど考えてみる必要がある。

ボードリヤールは、『物の体系』（一九八〇年、法政大学出版局）のなかで、「消費される物になるためには、物は記号にならなくてはならない」といっている。これはどういうことかというと、私たちは物に何らかの意味が付与されてはじめてその物を消費するのであって、それが必要だから買うのではないということだ。タンクレスのトイレが必要だから買うのではなく、何となくそれがオシャレに見えるから購買意欲が掻き立てられる、ということである。

そして、そうした物に対する意味づけに大きく貢献しているのが、CMや広告である。有名女優と俳優を起用した某メーカーのタンクレストイレは、「すっきりが進化した○○」とそのオシャレ度をアピールする。水量が足りずに場合によっては二度流さなければならず、節水にならないかもしれないことや、圧力ポンプの電気代のことなどもちろん一切触れない。

さらにメーカーのホームページでは、動画などを駆使して新機能をアピールする。たとえば、スマートフォンに専用アプリをダウンロードすることによって、スマートフォンがリモコンに早変わりし、洗浄位置や水量の強弱など、シャワートイレを自分の好みの使い心地に設定できる機能を搭載したとする動画があった。しかもその機能は、シャワートイレの個人設定にとどまらず、なんと、スマートフォンに保存している音楽をトイレ本体のスピーカーで再生できるというのだ。他には、「トイレ日記」という便の記録ができる機能もあるらしい。いったいトイレはどこまで進化していくのだろうか。排泄が一義的な目的であるはずの空間に、そこまでいろんなものを用意する必要がはたしてあるのだろうか。

消費される物になるためには、他の製品との差異化が図られなければならない。それは、他社製品との差異化であると同時に、既存の自社製品との差異化でもある。そのために、余計な機能が次々と追加されていくのだ。そして私たちの欲望を刺激するようなＣＭや広告によって、必要のないものまで買ってしまう。これが消費社会の宿命であるとするならば、消費社会そのものが見直されなければならないのではないだろうか。

第10章　時をかける我が家

❶ 糠床をダメにした犯人

夫の好物はパンと漬物である。こう書くと、二つを同時に食べる変な奴と思われるかもしれないが、いっしょに食べるわけではない。パンが大好きなのと、ご飯を食べるときに漬物がないと、「え、なんで漬物がないの？」というタイプなのだ。結婚する前から糠床を育て、糠漬けを毎日のように作っていた私は、夫にとっては理想のパートナーだったに違いない。

その糠床を水俣のアパートにも「床分け」ということで持ってきたのだが、一年とたたないうちにダメになってしまった。夫の管理がよくなかったのかもしれない、というと文句を言われるからそこは不問に付すとして、犯人はいったい誰なのか。

最大の原因はそのアパートにはたくましい菌がいなかったからではないか、と糠床の育ての親たる私はふんでいる。入居前には薬剤を使ったハウスクリーニングを行ったであろうし、リフォームしてからそれほど経っていない部屋は、「シックな私」にとっては換気扇と空気清浄機を常時回していないと住めない環境であった。そんなところだったからこそ、糠床がダメになったのであろう。

今度の家では、糠床が元気に育ってくれるのではないかと期待している。そこは、昔ながらの木と土、紙でできた家だし、味噌部屋と称する部屋まであるのだから、育たないわけがない、はずだ。

❷ 味噌部屋のある家

味噌部屋とは、もともと味噌や漬物などを寝かせておく部屋のことで、手っ取り早く言えば貯蔵室である。最近の家で味噌部屋のある家は珍しい。大型の冷蔵庫がその代わりをしてくれている、と思っている人が多いからかもしれない。保存食の多くは冷蔵庫に置かなくてももつのに、何もかも冷蔵庫に入れてしまう。挙句の果てには入れたことすら忘れ、食べ物をダメにしてしまう人がいるのではないか。私の母がその典型的な例だ。実家に帰ってたまに冷蔵庫を開けてチェックすると、きちんと整理されびっしりと物が詰まった奥のほうに、賞味期限が二、三年前に切れている食品が隠れていたりする。

味噌などの発酵食品を作るには適度な温度と湿度が保てる部屋に寝かせておく必要があるのに、そもそもそうしたものを手作りする人が少なくなった。梅干しやラッキョウといった漬物もそうである。時間をかけた食べ物には、そうでなくては味わえない独特のおいしさがあるのに、手間がかかりすぎるからと、市販の発酵食品や漬物についつい手を伸ばしてしまうのだ。

もともと保存食だったそうした食品は、腐食しにくいものだったのに、最近の市販のものの多くに防かび剤や保存剤が使われている。健康志向のためなのか、塩や砂糖といった保存の役目を太古の昔から果たしていたものを減らし、その代わりに添加物を加えるというおかしなことが起こっているのである。

そして漬物に限らず、さまざまな食品にそうした添加物が使用されている。ソルビン酸やソルビン酸カリウム、安息香酸、パラベン、ＯＰＰなど、包装紙の裏や片隅にびっしりと書かれているから、確かめてみるといい。たとえばしょうゆ漬けのように原材料として使われたしょうゆに保存料が使われていたとしても、キャリーオーバーとしてその成分の表示は免除される。厳密には、その添加物が最終食品に残って効果を発揮する場合は表示しなければならないのだが、その点に関してはどうも守られていないらしい（渡辺雄二『食べるならどっち！？』二〇一三年、サンクチュアリ出版）。

全般的にそうした添加物まみれの食べ物が多くなったことが、食品の保存に対する考え方に大きな変化を与えたのかもしれない。化学合成された保存料に頼り、しかもそれらを大型冷蔵庫に保管しておけば食中毒を防ぐことができると考えているのだ。確かに食中毒は防げるかもしれないが、それでいいのだろうか。そして、そうした食品を多くとっていた人の死体は腐りにくい、とまことしやかにささやかれたりもするのである。

❸ 一年半は長いか短いか

こんなことを言っている私だが、味噌部屋ができたからといって味噌を作るかというと、今すぐに実行する自信はない。作りたいのはやまやまだが、そうした時間がとれるかどうかは怪しい。手づくりの発酵食品や味噌部屋が減ったもうひとつの大きな理由は、せわしない現代人の生活そのものなのかもしれない。

そうしたせわしない時の流れに抵抗するかのような家づくりを提案するのが、古川氏である。ものの自然な流れに合わせて、徐々に家ができあがっていく。この日までに完成させなければならない、といった明確な期限を最初に設定するようなことはしないのが、彼の家の作り方なのだ。

我が家ができるまでどのくらいかかるのかというと、基礎工事を始めてから約半年、古川氏との打ち合わせから起算すると一年半近くかかる。古川氏が代表を務める「熊本の山の木で家をつくる会」のホームページを見ると、家ができるまでの流れがそこには書かれている。その流れの大部分が木に関するものであることから、木の性質に合わせて家づくりがなされていることがわかる。

その流れを記すと、①基本設計→②伐採→③製材→④自然乾燥→⑤刻み・加工→⑥組み立て→⑦壁造作→⑧完成となる。①の基本設計の段階で、だいたいの間取りが決まり、構造材を注文する。②の伐採の時期は、九月から三月までの間になされなければならない。春の間は木の含水率が二〇〇％近くあり伐採に適さないが、秋になると木の成長が止まり、含水率が一〇〇から一五〇％と低くなり木を切るには適当な時期となる。

木には芯ずれやあてといった「欠点＝癖」があり、その癖を読み取り補正してやるのが、③の製材である。そのあと、④の自然乾燥に入る。内部からヒビがはいる人工乾燥は、木材の髄部が重要となる伝統構法には向かない。そして木材が乾燥したら、⑤の刻み・加工に入る。手刻みなど手間のかかる工程には一月半の期間が必要となる。⑥の組み立て、⑦の壁造作を経て、家はようやく完成する。

ホームページ上の説明を要約すると、以上のようになる。我が家もこうした流れに沿ってできあがる。最近の住宅が基礎工事から完成まで三か月ほどしかかからないのに比べると、何とものんびりとした時の流れである。

❹ 時計時間と出来事時間

台風がくれば工事は中断する。職人さんに無理はさせられない。そんなこんなで長くかかる古川氏の家づくりは、出来事時間で物事が進んでいく。出来事時間とは、たとえば朝七時に

土壁下地の小舞竹

なったからバスが出発するというのではなく、人が集まった時間がバスの出発時刻である、といった考え方である。伝統構法の家でいうと、木が乾燥した頃が刻みや加工を始める時期だし、土壁が乾いたころが家の引き渡し時期になるのだ。

私たちは、生活の大部分を時計時間にしたがって生活している。日が昇って目が覚めたから起きるのではなく、五時半にセットした目覚ましが鳴ったから、その時間に起きないと会社に間に合わないから、起きるのである。要は、あらかじめ決められたスケジュールが優先されるのである。

投票日の朝七時になったら一斉に投票所が開くとか、過密なダイヤにもかかわらず列車のスムーズな運行が行われる、といった具合に、時計時間は空間的制約を飛び越えた人やモノの流れの統制を可能にした。統一の時間的ルールに則っているからこそ、そうしたことができるのであり、時計時間はそういう意味で私たちに効率のよい社会をもたらしてくれた。

しかしその一方で、行き過ぎた時間の統制・管理が弊害をもたらす場合もある。時計時間でがんじがらめになった生活からは余裕やゆとりがなくなってしまうし、そうした生活と、増加傾向にあるといわれているうつ病との間に相関関係がないとはいい切れない。だからこそ、職人さんに無理をさせてまで納期を決める必要はないのである。

❺ 待つ楽しみ

「基礎工事が終わって、もう組み立て始めているよ」と教えてくれたのは、Nさんだった。Nさんとは、私たちが原発事故後に水俣に避難していたときに、仕事で忙しいにもかかわらず、私たちの面倒を何かと見てくれた人で、彼女には本当にお世話になった。土地勘のない私たちに付き合って、家の土地探しまでしてくれたのも、彼女だった。土地探しに奔走してくれたのは、私たちが彼女に進呈したあだ名「物件王」が示すとおり、彼女の趣味とも合致していたからだったのだが。

今でも、彼女のほうが家の進み具合をよく知っている。そして私たちに教えてくれる。仕事が終わってから現地にちょくちょく寄っているようで、毎回少しずつ変わっていく家の様子を見るのを楽しみにしているらしい。

古川氏が建てる家は、このように待つ楽しみを与えてくれる。時間がかかる分、プロセスがよく見えるし、完成への期待度も徐々に高まっていく。我が家が完成した暁には、Nさんには夕日を眺めながら、心置きなくビールを飲んでもらおう。

棟上げが終わった頃の我が家

第2部　水俣に住む

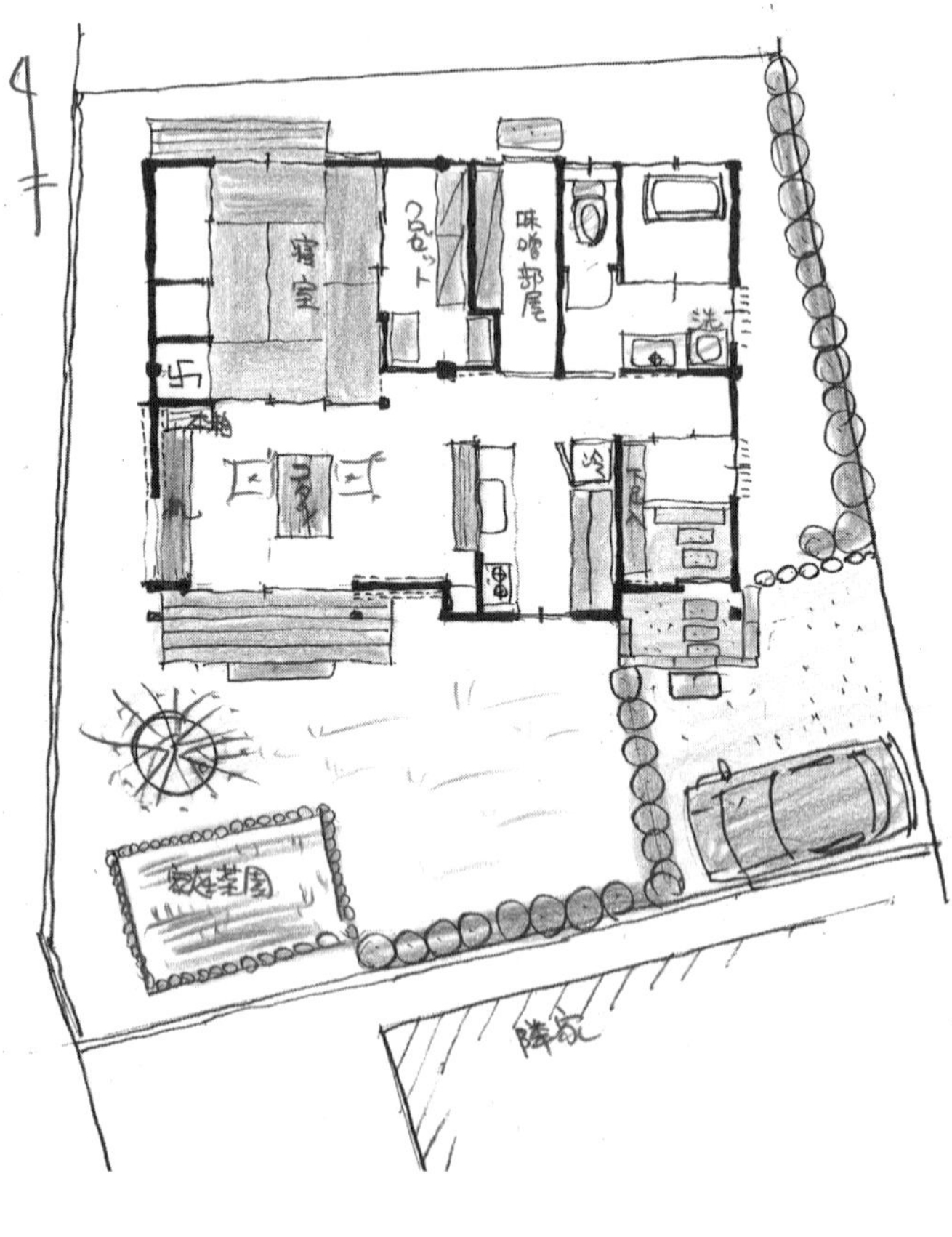

古川氏の手による家のラフスケッチ

第11章　夕日と酒と「よそ者」と

❶ 夕日が見える土地

うちの夫は酒が好きだ。だが、アルコールなら何でもいいというわけではなく、日本酒をこよなく愛している。しかもその類の人たちにはありがちな（と私が勝手に思っている）こだわり派である。そしてそのこだわりのひとつが、酒を楽しむ雰囲気である。酒器や酒のつまみ、それが盛り付けられた器はさることながら、部屋の雰囲気やその部屋からの眺めも彼にとっては大事なポイントなのだ。

土地探しに関しても、当然のことながら酒を飲みながら目に入ってくる景色がどういうものかが最大の関心事であった彼は、なんと、夕日を眺めながら酒が飲める土地を見つけてきたのだった。しかも人里離れたといった不便な場所ではなく、むしろ水俣の地にあってはかなり便利なところでもある。結局、そこが現在私たち夫婦が暮らす場所となった。といっても、私がそこにいられるのは仕事の関係で限定的ではあるのだが。

夕日がよく見えるところとは、同時に西日が強く差し込む場所でもある。第7章で触れたように、古川氏からは夏の暑さ対策として西側の窓を小さくすることを提案されたのだが、その小さな窓というのが、結果としてこの家の一番の「売り」となったのである。

❷ 西の窓に夫もにっこり

二〇一三年三月七日、我が家の引き渡しに関する諸々の説明が終わったのは、不知火海を挟んだ対岸の島に夕日がちょうど沈む頃だった。「あ、日が沈む」と声をあげたのは、私だった。古川氏は早速カメラを取り出し、西の窓からの景色を収めようとする。人の眼がいかに優れているのか、カメラにはとうていその真似はできない、などといった講釈を垂れながらシャッターを切り続ける。そして、「ここで早くお酒が飲みたい」といった私の一言が、「夕景を肴に宵を楽しむ家」とのネーミングに発展したようだ（古川氏のフェイスブックより）。当然、「宵」は「酔い」にかけているに違いない。

「これしかないでしょう」と古川氏が言い切る我が家の西側の窓は、額縁によく使われる縦と横が一：二という比率でできている。しかも、その窓の障子の格子も同じ比率にとられているというこだわり様である。そして、その額縁を模した窓に浮かび上がるのが、我が家の裏にある「鷺山」の木が右下に配置された不知火海の景色で、そこに夕日が差し掛かると何ともいえない「絵」が浮かび上がってくるのだ。

都会では、こうした楽しみ方はなかなかできない。こういった風景がないからというよりも、楽しむだけの余裕がないからだ。三月半ばにアパートを引き上げ、我が家に引っ越した私たちは、それからしばらくは、どんなに昼間忙しかったとしても、そそくさと仕事を切り上げ夕日が映える時間に合わせて夕食という生活を送ったのであった。

夕日を楽しむ生活というと思い出す若者がいる。その若者の名は、高倉草児さん。職場から駆けて一〇分の高台にある水俣市の公共施設「おれんじ館」の敷地に、週に三、四回は夕日を眺めに来るという。こうした生活を都会で営む人がいったいどれくらいいるだろうか。この若者が何を考え、どうやって水俣で暮らしているのかは、拙編著『メディア・リテラシーの現在《いま》——公害／環境問題から読み解く』（二〇一三年、ナカニシヤ出版）に書いてあるので、興味のある方は読んで欲しい。

❸ 「よそ者」と水俣病

草児さんの父親である高倉史朗さん（ケンさんと呼ばれている）は、若いころ水俣病患者の支援のために水俣に来た人物である。ケンさんのように、よそから来て住みついた人たちが水俣には少なからずいる。ケンさんがともに働いている「ガイアみなまた」の仲間や、以前働いていた「水俣病センター相思社」の人たちもそうである。私たちの周りには、そうした人たちが大勢いる。

なぜそうなのか。それは、水俣病の歴史と深くかかわっている。水俣病の原因企業であるチッソの城下町と称されるこの町では、水俣病患者に対する支援の手を差し伸べる市民が当初はほとんどいなかった。したがって、患者を支援するのはよそから来た人たちが圧倒的に多く、そのなかから水俣に定住する人たちも現れたのだった。

いまでこそ水俣は人口二万七千人の小さな町だが、ピーク時の一九五六年には五万もの人が住み、その住民の親戚や知り合いの半分以上がチッソ関係者であるといわれていた。つまり、水俣はチッソによって成り立っているといわれていた町だったのだ。したがって、チッソがつぶれるようなことになったら大変だと考える人が多く、患者や患者を支援するような人たちは多額の補償金を払わせることでチッソをつぶそうとしている「市民の敵」とみなされた。そのなかで、「市民」対「患者」という対立の構図が広がっていき、それが今でも尾を引いているのである。

では、ケンさんのように水俣病があったからこそ水俣に入ってきた人たちは何を思い、どういった暮らしを営んでいるのだろうか。「ガイアみなまた」のホームページに端的にそのことが表現されているので、引用させてもらう。

私たちは七〇年代半ばから水俣病問題をきっかけとして水俣に定住し、被害者の社会運動を応援してきました。とはいえ、それぞれの問題意識には幅があり、訴訟や交渉ごとをお手伝いしながらも、自分はなぜ水俣に住み続けるのだろうと、自問する日々でした。ただ共通して抱いていた思いは、自分たちの生活のしかたを考えることが、水俣病を引き起こした社会の仕組みを考える上でとても大切だということでした。
試行錯誤の中から、水俣病患者運動の中で知り合うことができた被害者家族とともに、農薬を減らした甘夏栽培（生産者グループきばる）を始めました。さらに甘夏を加工してマーマレードを製造し、周辺の価値ある商品を紹介、販売しながら生計を立てる道を選びました。細々ながら、今も自分たちの生活を楽しみつつ水俣に暮らし続けています。

水俣病を伝えることの意味を研究テーマとして水俣を訪れた私としては、今でも水俣病とかかわりをもちつつ生活しているケンさんたちのような「よそ者」との付き合いのほうが、必然的に密にならざるを得なかった。水俣病関連のさまざまなイベントに参加したり、裁判の支援活動の末席に加えてもらったりするなかで、そうした人たちがどのような暮らしを営んでいるのかを肌で感じる機会が増えていったのだ。それは、先の文で述べられているように、水俣病とかかわるということが、自分たちの暮らし方そのものを見直すことでもあるということを実践している人たちの生き方を学ぶことであった。

ケンさんたちのような「よそ者」の多くが選び取った「貨幣経済に振り回されない生き方」は、そのなかにどっぷりつかった生活を強いられている私たちに、オルタナティブな視点を提供してくれる。そして、より便利に、より多くを求め過ぎた結果が水俣病をはじめとした公害をもたらしたとするのであれば、そうした仕組みからちょっと外れてみることが問題解決への第一歩になるのではないか、ということを教えてくれているのだ。

④「よそ者」の可能性を考える

「よそ者」は、共同体の大多数があたり前だと思うことをそうとはみなさない。ドイツの社会学者のG・ジンメルがいうように、共同体の構成員が縛られている自明性から「自由」なのである。チッソで栄えた町なのだからチッソが困るような行為に加担してはならない、という不文律が、「よそ者」にはあたり前のものだとは思えないのである。

そして「よそ者」は、ジンメルが「よそ者についての補論」（『ジンメル・コレクション』一九九九年、ちくま書房に収録）で議論したように、共同体に新しい何かを持ち込む可能性を秘めた存在でもある。あたり前に思えないものに対して、それは違うという声をあげられるし、それによってもともとそこに住んでいた人たちに気づくきっかけを与えられるのだ。

何かがおかしい、とうすうす感じていたとしても、昔からの慣習なのか、あるいは周りとのしがらみからなのか、なかなか声をあげられないことがある。水俣病の文脈でいうと、自分や親戚がチッソの世話になっているからとか、子どもの結婚に差し障るだろうからとかで、自らの症状を訴えにくい状況があったし、今でもある。「よそ者」は、自らが異議申し立ての声を上げ続けてきたことによって、あるいはもっと直接的にそうした人たちの相談を受けて力を貸すことによって、こうした閉塞的な状況を少しずつではあるが変えてきたのだった。

「よそ者」は、変革への原動力であると同時に、排除の対象となり得る。しかし、ジンメルの関心事がどちらかというと「どのようにして〔共同体の構成員とよそ者との〕共存と相互的一体性の形式を作り上げるのか」（前掲書）であったように、私たちも水俣の地において「よそ者」が秘める変革への可能性を見極めていきたいと思っている。そして、その変革を後押しするような「よそ者」に自らがなるためにはいったい何を為すべきなのか、夕日を眺めながらじっくりと考えてみたい。

西の窓から見える夕日

第12章　始まりはごみ出し

❶ スリッパと水俣の人の相性

水俣の人はスリッパを履かない。それなのにお行儀のよい夫は、「スリッパをどうぞ」と客人の前に揃えて出し続けていた。さすがに勧められて履かない人はいないのだが、掘りごたつ風にしつらえた居間の座卓に座ったり、トイレに立ったりするうちにどこかに置き忘れ、玄関まで履いていって帰る人は、これまで誰もいなかった。

もちろん夫は自分でもスリッパを履いていた。電話が鳴って座卓を離れるときも、物を取りにほんの少し移動するときも、スリッパがないと足が守れないとでも思っているのか、忘れずに履き続けていた。大学が夏休みに入り、我が家に戻ってきた私が素足で歩きまわっているのに、それでもスリッパを脱ごうとしないのに業を煮やし、夫の外出中に勝手に片づけてしまった。

「あれ、俺のスリッパがないよ」という夫に対し、「暑いからもういいでしょ」という私の一言で、一件落着。しかも、素足になったことがよかったのか、木の床が落ち着いた色に変化し始めた。人間の体から出る脂は、極上の天然ワックスだということをまさに実感したのだった。

❷ 三分の二がごみの話

引っ越して間もない頃、自治協力員さんが我が家があるこの地区のことを説明するためにやってきた。この方も御多分に漏れず、出されたスリッパを履いたはいいが、一時間半の訪問の後、座卓の脇にきちんと揃えて帰ったれっきとした水俣の人だった。

水俣というともうひとつ忘れてはならないのが、「ごみ出し」である。この自治協力員さんの話も大部分がごみ出しに関するものだった。一時間ほど、延々とごみ出しのルールや、ごみにまつわるこの地区の特殊事情を話してくれたのだった。

まずごみ出しのルールであるが、週二回回収される生ごみと燃やすごみ、週一回の容器包装プラ、月二回のペットボトルと三種類の紙類、月一回のリサイクルの日に出す一七種類のごみとで、合計二四種類を分別して出さなければならない。その種類の詳細については、次の頁の表を参照してもらいたい。

そしてこのごみ分別は、自治会に入っている住民が持ち回りで管理・運営していく。私たちの地区では、「月番」と呼ばれる当月の係りと、前の月番が責任をもって行うことになっている。説明を受けた当時は、我が家を加えて二五世帯が自治会に入っていたので、計算上はこの月番が回ってくるのは二年に一回程度である。

自治会への加入は、基本的に任意である。ただし、加入しなければ、ごみを地元で出すことができず、クリーンセンターと呼ばれるごみの処分場に各自で持っていかなければならないことになる。私たちもアパートに住んでいたときは、週二回の生ごみと燃やすごみはアパートの前に設置された専用のごみ箱に出していたが、それ以外はクリーンセンターに運んでいた。ここも同じらしく、地区内にあるアパートの住人は、生ごみと燃やすごみに関しては、自分たち独自の設置場所を使っているそうだ。

アパートに住む人たちのなかで自治会に入っているのは二世帯のみで、その他の数十世帯は入っていないそうだ。しかも驚いたことに、その二世帯の人たちに月番はやらせていないらしい。どうしてそうなのかというと、アパートの住人たちには自治会の役割を担うこと、特に大事なごみ分別をきちんと行うことなどは期待していない、と言うのだ。

振り返ってみると、アパートに住み始めて一年半ほど経ったとき、自治会費を納めてほしいとその地区の係りの人がやってきたと夫が話していたが、月番の話はそのとき一切出なかったという。アパートに住んでいたときは、一人前の住人として扱ってもらえていなかったのだと

月一回									
1	生きびん	2	雑びん（透明）	3	雑びん（水色）	4	雑びん（茶色）	5	雑びん（緑色）
6	雑びん（黒色）	7	スチール缶	8	アルミ缶	9	なべ・釜類	10	布類（衣類）
11	電気コード類	12	乾電池類	13	蛍光管・電球類	14	食用油	15	小型家電
16	破砕・埋立	17	粗大						
月二回									
18	ペットボトル	19	新聞・チラシ	20	段ボール	21	雑誌・その他紙類		
週一回									
22	容器包装プラ								
週二回									
23	生ごみ	24	燃やすごみ						

分別ごみの種類（2013年度版より）

いうことが、ここに来てようやくわかったのだった。

❸ 価値判断の基準はごみ出し

自治協力員さんは、この地区のごみ出しの歴史についても話してくれた。そのなかで出たのが、次の話である。

国道沿いにあるこの地区のごみ捨て場には、以前は鍵など何もなく、隣町である鹿児島県出水市から車で通る人たちがごみを捨てていくので困っていたそうだ。そこでこの地区に住む上村好男さんが、市と掛け合って、ごみ捨て場に鍵をつけてもらうことになり、ごみをめぐる環境が一挙に向上したということだった。しかも上村さんは、月一回のリサイクルの日にはほぼ毎回参加して手伝っているというすごい人なのだ、という自治協力員さんの評価もあった。

水俣では、ごみ出しがまともにできるかどうかでその人自身が判断されるところがある。詳しい話は第16章に譲るが、上村さんは周りの誰からも慕われ、どこをとってみても素晴らしい人である。その上村さんへの高い評価のひとつが、この地区でのごみ出しへの貢献であった。

私の専門である異文化コミュニケーション分野では、「価値判断の基準」となるものが文化によって異なる、ということがよくいわれる。たとえば都市型の文化であれば、時間を守れるかどうかで、その人の評価が分かれる。時間にルーズな人は、だらしないダメな人とみなされ、時間管理に長けた人は高い評価を得られるのだ。ちなみに水俣では、おおよその時間に三々五々人が集まってくる「水俣時間」が許されている。

その水俣での価値判断の基準のひとつとなっているのが、「ごみ出し」である。ごみ出しが下手だと、ごみもまともに出せないダメな人間というレッテルが貼られ、逆にそれがきちんとできる人は一人前として扱われるのだ。

④「よそ者」とごみ出し

結婚を機に、よそから水俣の山の方にやってきた人が次のようなエピソードを語ってくれた。「きちんと縛れんと恥ずかしいから、あんたには任せられん」と義理のお母さんが言うので、結婚してしばらくはごみ出しの際に新聞紙や段ボールを束ねるという作業を彼女はさせてもらえなかったのだという。実は得意だったこの作業をようやく彼女がやるチャンスが巡ってきて、それ以来、この作業は彼女の担当となったそうだ。このエピソードは、姑に一目置かれるためには、ごみ出しがきちんとできなければならないということを教えてくれていると同時に、「よそ者」がここ水俣の地で認められるかどうかは、ごみ出しの巧拙が大きくかかわっている、ということである。

水俣の地に「よそ者」が入っていくうえでの最大の難関は近所づきあいである、と「よそ者」である私たちに厳しい現実を説いてくれたのは、月浦に住む緒方正実さんだった。車で水俣から一時間弱のところにある女島という地で生まれ育ち、二〇代の頃に水俣に移ってきたその彼も「よそ者」のひとりである。

実は、新興住宅地の一角であるこの土地ならなじみやすいのではないか、と助言してくれたのが彼だった。彼の一言で、この地に家を建てる決心をし、今の私たちの暮らしがあるのだ。しかしここは、緒方さんの予想をはるかに上まわる広域で自治会が運営されており、もっと多様な人たちと近所づきあいをせざるを得ないということに、引っ越してから気づかされたのだった。

緒方さんとのあのときの会話を振り返ってみると、彼が大事なことを言っていたことを思い出す。それは、地域に溶け込むためには、ごみの活動に積極的に関わることだという話だった。彼も、リサイクル推進委員になってようやく地域の一員として認められたような気がしたと言っていた。長い間のリサイクル推進委員としての貢献で、地域の人たちから「人格者」として彼が慕われていることは間違いないだろう。もともと彼は、人格者なのだが、地域の人たちにとってごみにおける貢献度は人を判断する際の重要なポイントなのである。

月浦に住む別の「よそ者」の葛西伸夫さんは、水俣に住み始めたのが二〇一一年二月で、月浦に越してきてから一年半になろうとしているのだが、すでにリサイクル推進委員の重責を担っている。葛西さんによると、月浦のこの辺りは「よそ者」の多い地で、彼が地域に溶け込んでいくにはそれほど難しい場所ではなかったそうなのだが、それでもなるべくスムーズに入っていくための近道として、リサイクル推進委員を引き受けることにしたのだそうだ。当初は、他に誰かが手をあげたらそれでいいと思っていたのだが、結局、誰も引き受け手がいなかったので、彼が名乗りをあげたらしい。周りの人は、きっと彼に感謝しているに違いない。

月番やリサイクル推進委員のように、ごみの係りになっている人が「今日はリサイクルの日だから」と言って終業時間にそそくさと職場を後にしても、許される雰囲気が水俣にはあるという。近所づきあいの希薄な東京から移ってきた私たちにとっては、信じられないような地域の結束力である。しかしそれは裏を返すと、「よそ者」が入っていきづらいシステムということにもなる。ところがそれを逆手にとって、たくましく生きる「よそ者」たちがいることも、また水俣の日常なのである。

月一回開かれる資源ごみステーションで
活躍するリサイクル推進委員の葛西さん

第13章　小さなごみの物語

❶ 格子網戸とプライバシー

家にいるときに、周りの人の目を気にする生活を送ったことが私にはなかった。それは、東京では割と視界の開けたマンションに住んでいたためで、カーテンを開けていたとしても周りからのぞかれる心配がなかったのだ。そういった生活の延長線上に水俣での暮らしがあるためか、家の中ではとても人に見せられるような恰好をしていない。そうした私を守ってくれているのが、我が家の格子網戸である。もちろん、夏限定ではあるが。

古川氏の作る家では、通常の網戸だけでは防犯上の不安があるため、こうした格子のついたものになっているのだそうだが、それによって昼間は外から内が見えにくい構造になるというおまけもつく。古川氏の説明によると、太い桟と隙間とのバランスで、「光の回折により、隙間は家の中から広く見え、外からは狭く見える」ため、家の中の様子は外からは見えにくいのだそうだ（『建築ジャーナル』二〇〇九年一月号）。実際、我が家の庭から検証してみたが、誰かが中にいるのはわかるのだが、細かいところまではよく見えない。逆に、夜になると家のなか

格子網戸の外から内を見た様子

格子網戸の内から外を見た様子

が明るくなり、外からの見通しがよくなるらしい。しかし、夜は格子網戸の先には人影などまったくといっていいほどないところなので、ここでも人目を気にする必要はない。

しかもこの格子網戸には鍵もついており、夏の夜は網戸だけで寝られるのである。そして、「錠の位置は、家毎に少しずつ変えているので外部からその位置を確認することは難しい」という古川氏のこだわりも、私たちを守ってくれている（前掲書）。

❷「犯人」は誰だ

私たちのプライバシーを尊重してくれるこうした格子網戸とは逆に、プライバシーを侵害してしまうかもしれないのが、ごみである。家の外に出されるごみは、私たちの暮らしぶりを外部へと知らせるメディアとなり得るのだ。

ごみの中身を見れば、その世帯の生活の様子がだいたい想像でき、ごみは究極のライフログ（人生の記録）とまでいう人もいる。しかし私たちは、そのことに対して無頓着で、目の前からごみが消えてしまえば、その後の行方などよっぽどのことがない限り気にすることはない。

ところが、『横浜市の「ゴミ」と「個人情報」』というサイト（http://crocro.com/news/20090807105358.html）にみられるような警告のチラシが突然玄関に張り出されていたらどうだろう。これは横浜市の例なのだが、チラシを張り出された人が市役所に電話して確認したところ、市ではきちんと分別できていないゴミ袋を開けて中の写真を撮り、個人情報が特定できる書類などを記録として残しているのだそうだ。

ごみの分別を徹底するために行われているこうした個人情報のデジタルデータ化は、さすがに水俣では行われていない。その代わりにここでなされているのが、人海戦術によるごみ分別の徹底化である。たとえば、週一回の容器包装プラがきちんと分別されていないと、市の収集車は持っていってくれない。その場合、ごみの係りの人が、異物が混入されていたなどの理由で残されたことを知らせる張り紙をして、注意を呼びかける。万が一そのごみが持ち帰られなかった場合には、係りの人が最終的にそれを分別し、処分することになる。

しかし、係りの人の面倒見が良すぎて、違反ごみの処分をやりすぎると、その人がやってくれるものと思われて、その地域のごみの分別状況が改善されないことになる。したがって、場合によっては係りの人が袋を開けて、誰が出したごみかを特定して、その人に注意を促すことも必要になってしまうそうだ。ただし、やりすぎは禁物で、それによってコミュニティーがぎすぎすしてしまう場合もある。

あるとき、ごみ袋を開けて分別する作業を図らずもやらなければならなくなった人の話を聞く機会があった。必ず誰かの立ち会いのもとでその作業は行われなければならない、という暗黙のルールがその地区にはあるようで、「犯人」の割り出しが重大な事態を招きかねない、ということが自覚されているのがわかる。その話をしてくれた人に、ごみの中に手掛かりになるようなものがそんなに入っているのか、と念のために聞いたところ、必ず何かしら個人を特定できるものがあるのだ、とその人は言い切った。

水俣におけるこのごみ分別の徹底化がプライバシーの侵害につながる、と批判することもできる。しかし、この話をしてくれた人から伝わってきたのはそんなことではなく、この仕事の大変さであった。暑い夏など特にそうだろうが、くさいごみを選り分けて、個人を特定するような情報を探し出すのだから、並大抵の苦労ではない。しかもその後、その「犯人」にごみを分別して出すようにお願いしにいかなければならないのである。

❸ ごみをめぐる「大きな物語」

こうしたごみ分別の徹底化を目指した水俣市民の努力は、正当な評価をうけているのだろうか。地域再生の物語の一部として語られ続けているごみ分別の種類の多さとそのリサイクル資源活用の徹底ぶりだが、それを支えているのがこうした市民たちの地道な努力であることは、あまり意識されていないように思える。たとえば水俣市のホームページには、次のように書かれてある。

水俣市では平成五年から、全国に先駆けて、ごみの分別収集を行ってきました。現在では二四種類の分別をステーション方式で行っています。その他、生ごみも堆肥化しており、毎日多くの行政担当者や、まちづくり団体などが視察に訪れ、最近では教育旅行の一環として、全国各地から、修学旅行生が水俣を訪れるようになりました。

有機水銀によって環境が壊されたことが水俣病発生の原因となったことから、環境で痛めつけられた町を再生するには、環境保護を徹底することが重要だ、として始まったごみの分別収集であった。そのこと自体は大切なことで、非難されるようなものではないのだが、このアピール文からもわかるように、その再生物語では、実際に二四種類ものごみを分別している住民の奮闘する姿が外からはなかなか見えてこないのだ。

ごみ分別に関してのさまざまな苦労話を教えてくれた人たちの長年の努力があったからこそ、よそにも誇れるごみの分別収集ができるようになったのである。ごみをめぐる「大きな物語」が声高に叫ばれる一方で、こうした市民たちの「小さな物語」が置き去りにされてしまっているように思えてならない。

❹「分別むすび」をきっかけに

水俣には、行政主導で始まった「もやい直し」という地域再生の物語がある。水俣病公式確認から五〇年目にあたる二〇〇六年に、水俣病患者と彼女／彼らとかかわらないようにしていた市民たちが、これまでのわだかまりを捨て、船と船がもやうように、再び一緒に歩んでいこうとさまざまなイベントが組まれ、実施されたのだった。しかし、それを契機に水俣ははたして変わったといえるのだろうか。そのようなイベントで、一人ひとりがもやいあえるほど簡単なものだったのだろうか。本来ならば、差別されてきた患者から、差別してきた側への働きかけがあってはじめてもやいあえるのではないだろうか。

あらかじめ決められたスケジュールにしたがって、月一回の収集日の前日にごみ出しに必要なものが市から配布され、第12章の写真にあったような資源ごみステーションが水俣市内の各地で開かれる。その数は、約三〇〇か所にものぼる。収集当日には、事前に市がおいていった十数種類のプラスチックのケースを係りの人たちが並べ、それぞれに分別ごみの名前が書かれてある鉄の札を掛けていく。約一時間の収集の間、次々とごみ出しに来る人たちが間違えないで分別しているかどうかを、係りの人たちは見守っている。そしてごみ出しの時間が終わると、雨に濡れては困るので、段ボールや新聞紙を集めたところにブルーシートをかける。それですべての作業が、完了する。そして集められた資源ごみは、翌朝、市の回収車が取りに来る。プラスチックの箱と鉄のプレートもそのときに回収され、次の資源ごみステーションへと移動していく。

地域ぐるみで本気になって取り組まなければならないほど、水俣のごみ出しは徹底している。もちろんごみ全体の総量が思ったよりも減っていないなど、さまざまな問題もあるし、もっと徹底した分別を行っている他の地域も今ではある。しかし、第12章で触れたように、ごみ出しがきっかけで「よそ者」が受け入れられることもあるように、こうした小さな協働作業こそが、これまでのわだかまりを溶かしてくれるきっかけになるのではないだろうか。大きな物語である「もやい直し」よりも小さな物語の「分別むすび」に水俣の未来がある、と私は思いたい。

第14章　みなくるリサイクルの日

❶ 空きびんを集める理由《わけ》

三たび、ごみの話である。二四種類ものごみの分別をするとなると、家の中のどこにごみを置くのかが、当然、問題となる。ごみ箱を人の目に触れるところに置くのが嫌だった私は、マンション暮らしの頃は、シンクの下にごみ箱を常に置いていた。そこには扉があったため、ごみのにおいが充満しないように、ストッパーでわずかばかり開けておくという工夫も怠らなかった。

今度の我が家はというと、シンク下に大人でも隠れることができそうなほどのスペースがあるので、まず、ストッパーの必要がなくなった。燃やすごみと生ごみ、容器包装プラ、破砕・埋設の四種類は、ここに置ける。それ以外は、味噌部屋に置いている。といっても、アルミ缶とスチール缶、新聞紙、雑紙、段ボールがほとんどである。ペットボトルはめったに出ないし、酒びんは一時保管することはあるが、買い物のついでに、「びんの風」に持っていっている。

「びんの風」とは、水俣病資料館の語り部で、第8章で紹介した水俣市が認定する「環境マイスター」でもある吉永理巳子さんがやっているお店である。吉永さんの場合は、語り部をしていることからもわかるように、水俣病の知識は言うまでもなく、捨てればごみになる廃びんを加工して、カップや花瓶、風鈴などを作っていることが評価されたのである。酒好きの夫のせいで、数日に一本の割合で一升瓶が空になる我が家は、その吉永さんにとってはありがたい存在なのかもしれない。

先日、吉永家におじゃました。すると、「自治協力員」の看板が玄関脇に掛かっているではないか。聞いてみると、その地区では、持ち回りで自治協力員を担当することが決まりとなっており、今年度は吉永家の番なのだそうだ。そういえば一週間ほど前の夕方、「びんの風」に空きびんを持っていったところ、まだ五時になっていないというのに店を閉める準備をしていたのでなぜなのかと尋ねたら、今日はリサイクルの日だから早めに帰るのだ、と言っていたことを思い出した。第12章でも触れたように、ここでは、「今日はリサイクルの日だから」と言えば、こうしてそそくさと仕事を切り上げたとしても許される雰囲気があるのだ。

❷ いつでも当番

自治協力員でも、リサイクル委員でもないのに、毎月、その地区のリサイクルの日になるといつもより早く帰る人がいる。なぜかというと、その人（Kさん）は月番をずっとやらざるを得ない状況に置かれているからだ。持ち回りのはずの月番なのに、隣近所がお年寄りばかりで、やれ骨折しただの、風邪をこじらせただの、熱中症になっただのということで、毎月彼女に実際の作業が回ってくるらしい。月番の札は次々と回っていくのだが、実際の月番はKさんということで、私たちは彼女のことを「永久月番」と呼んでいる。

　そのKさんにお願いして、リサイクルの日に彼女たちの資源ごみステーションの様子を見学させてもらった。五〇代前半の彼女以外は、リサイクルの係りやボランティアの人たち全員が六〇代後半かそれ以上で、高齢化の現実を目のあたりにするようだった。そこに、近所の中学生たちが手伝いに来ており、資源ごみステーションは、お年寄りと子どもでなりたっていることを思い知らされたのだ。おそらく我が家がある地区も、似たり寄ったりなのだろう。

　実は、自分たちの地区の資源ごみステーションに私たちはまだ行ったことがない。一度ステーションが開かれているはずの日に行ってみたところ、すでに終わった後だった、という失態を演じている。どこでも夕方五時から始まるものだと思い込んでいたのが間違いで、地区によって時間帯が選べるようになっていることを知らなかったのだ。ボランティアを買ってでようとそれなりの格好をしていったのに、誰もおらず、帰りがけに自治協力員さんの家に寄って尋ねたところ、すっかり呆れられてしまった。ちなみに我が家では、アパートに住んでいたときの習慣がいまだに抜けず、資源ごみをためておくのが嫌いな夫が、処分場であるクリーンセンターに持って行っているのだ。

Kさんの話に戻ると、彼女は毎晩のようにビニール袋にお金をちゃりんちゃりんといわせながら、近所の家を訪問している。それは、自治会費を集めるためである。一年分をまとめて徴収するところが多いことを聞いていた私は、なぜそうしないのかと彼女に尋ねたことがあった。すると彼女曰く、そうしたいと思わないでもないが、「月に一回ぐらい、顔を見せんね」と言われて、結局、夜な夜な近所のお年寄りの家を訪ね歩くことになってしまったのだそうだ。

こうした状況は、彼女の地区の特殊事情というだけで終わる話ではない。平日であれば、どこかで必ず開かれている資源ごみステーションなので、車を走らせているとその様子が自ずと目に入る。そこで目立つのは、やはりお年寄りの姿なのだ。

車を運転しているときに夫がよく言う台詞が、「水俣はお年寄りが多いから気をつけないと」である。お年寄りの姿が目立つのは、資源ごみステーションだけではないのだ。そしてこれもまた水俣だけの話だとはいえず、四人に一人が六五歳以上の超高齢社会を迎えた日本の現実なのである。東京から来た私たちには見慣れないだけなのかもしれないが、都会を一歩離れれば、どこにでもある風景なのだろう。

だとするならば、お年寄りにとってどういった町が住みやすいのか、住みやすい町にするためにはどうすればいいのかを考えていくことが急務となる。そして、そのことは五〇半ばの私たちにとっても切実な問題なのだ。

③ お年寄りとミラクルなバス

水俣は、お年寄りにとっては住みやすい町だという声がある。なぜかというと、土地が狭いという地理的な条件も相まって、市の中心部に病院や銀行、スーパーなどが固まっており、いったん街中に出れば、必要な用事を一回で済ますことができるからだ。平野部が広がる隣町の鹿児島県出水市と比べると、よくわかる。

もしも年を取って車の運転ができなくなったら、バスに乗って街中に出ればいい。あるいは、時間を見計らって、行きはバスを使い、帰りはタクシーでもいいかもしれない。たとえば我が家を例にとると、バス停まで歩いて数分、乗る距離によっても異なるが、市の中心部までバス代は二百円前後で、帰りにタクシーを使うとすると千円ぐらいである。どのくらいの頻度で街中に出るのかにもよるが、場合によっては車の維持費よりも安いのではないだろうか。

コミュニティバスである「みなくるバス」を使えば、もっと安くてすむ。二区間までは一律一五〇円、それ以上は一律三〇〇円の料金設定になっているので、たとえば、市の中心部から約一〇キロ離れた湯の鶴温泉まで行ったとしても、一五〇円しかかからない。新潟から水俣を訪れ、湯の鶴温泉に泊まった友人がこんなに距離があるのにこの料金でいいのか、と驚いていたことを思い出す。市役所のホームページを見ると、このバスの名前は「みんな乗ってくるバス、みんなが集まってくるみなまたのバス」になるようにとの願いが込められているようだ。また、「発音が「ミラクル」に似ているように、人と人、人と地域との関係に新たな「奇跡」を生み出すことを期待しています」とも書かれてあった。

二〇一一年三月に避難していた頃、「みなくるバス」を利用したことがあったが、利用者のほとんどがお年寄りだったのを思い出す。そのとき、たまたま隣に座った男性から話かけられた。彼は引退して生まれ故郷である水俣に戻ってきたそうだ。車がないのでこのバスを使っているらしいが、自分の利用するバス路線の停留所とそこの運行時刻をすべて暗記していた。そして、「こんなに便利なバスはない」と断言したのだった。

❹ 街のバリアフリー化とは

我が家の中を見回すと、最近の流行であるバリアフリー化がいたるとこ

みなくるバス

ろに施されている。リビングと畳部屋とか、脱衣所とトイレといった各部屋の仕切りがフラットで、段差がない。つまり、玄関を一旦上がると、つまづきようがないのだ。

家の中のこうしたバリアフリー化が、街中でも進んでくれることを期待したい。しかし、インフラのバリアフリー化はどんなに頑張ったとしても限界がある。やはり頼りになるのは、Kさんのようにお互いを助け合うということになってくるのではないだろうか。

夫が語ってくれた「教訓」が、珍しくここで役に立つ。水俣に来て間もない頃のある日、公民館の駐車場に立っていたところ、車を止めたのになかなか運転席から降りずに、じっとこちらを見ている人がいたのだそうだ。なぜそうしているのか理由がわからなかったのだが、とにかく近づいて行くと、車椅子を出してほしかったらしいことに気がついた。それから街中を歩くたびに、車椅子や足の悪い人の姿が自然と目に留まるようになった、というのである。インフラの整備が必要なのは改めていうまでもないが、街のバリアフリー化とは、結局のところ、相手が何を必要としているのかに気づくことができるかどうかにかかっているのだ。

第15章　海と黄色い子どもたち

❶ 環境家計簿をつけるとお得？

水俣市は、公共下水道が整備されているのは市街地のみで、整備されていない地域が多い。山やリアス式の海岸線が多いという地形的な条件が、そうしたインフラ整備を難しくしているものと思われる。市街地から二・五キロほど離れたところにある我が家が建つ地区も、公共下水道は整備されていない。工務店の川畑さんによると、今後も整備されることはおそらくないとのことだった。

そうした地区に義務付けられているのが、合併処理浄化槽の設置である。合併処理浄化槽とは、トイレの汚水（し尿）や台所、風呂などからの生活排水をきれいな水にして川や海に放流するための設備であり、し尿処理専用の単純浄化槽とは区別されている。水俣市では、こうした合併処理浄化槽の設置に対し補助金を出している。しかも、ある一定の条件を満たせば補助金が加算されるのだが、その条件のひとつが環境家計簿「みなまたエコダイアリー」をつけて提出することである。

家計簿をまめにつけていた夫がこの「エコダイアリー」をやり始めたのが二〇一二年二月で、すでに一年以上経つ。ダイアリーの作成に必要な光熱費の請求

記　録　用　紙

＊使用量を入力するとCO2排出量が計算されます。

	項目	電気（kwh）	ガス（㎥）	水道（㎥）	灯油（ℓ）	ガソリン（ℓ）	軽油（ℓ）	計
	CO2排出係数	0.36	3	0.58	2.53	2.3	2.64	
記入例	使用量	370	19.3	35	30	32	0	
H22年	料金（円）	¥6,893	¥12,463	¥4,810	¥1,800	¥3,808	¥0	¥29,774
1月	CO2排出量（kg）	133.2	57.9	20.3	75.9	73.6	0	360.9

環境家計簿「みなまたエコダイアリー」の記入例

(http://www.city.minamata.lg.jp/Material/4397.pdf)

書やガソリン代のレシートは、水俣に来て以来ずっと取ってあったので、もっとさかのぼって作成できたため、そこには約二年分のデータが蓄積されているらしい。市役所のある職員の人に言わせると、「エコダイアリー」を真面目につけているのは我が家だけではないか、ということだった。こうした細かい作業が性に合っているのか、夫は楽しみながらデータの蓄積に励んでいるようだ。補助金ももらえたし、光熱費やガソリン代の変化もわかるし、CO2の排出量をどれだけ削減できたかも把握できるし、大満足の夫なのであった。

❷ 敷地内にある「浄水場」

浄化槽のある家に住んだことのある夫にとってはあたり前のことなのかもしれないが、都会のマンション暮らしが長かった私にとっては、敷地内に「浄水場」ができるというのは驚きであった。「浄水場」とはまた大げさな、と思われるだろうが、浄化槽を設置するということは、私たちが使って汚した生活排水の最終処分場が家の敷地内にあるということで、私たちが生活するすぐ脇で、バクテリアが汚物を次々と分解してくれているということになるのだ。

辻信一は、自著『スロー・イズ・ビューティフル』（平凡社 二〇〇四年）のなかで、都会の家に限らず大多数の家の住人が植物人間さながら、管に繋がれて生きながらえていることを指摘している。

電気やガス、水道といった供給側の管と、排泄側の管があって、ようやく家としての機能が保てるのであり、その管がいったん遮断されると生活できなくなってしまうのだ。それなのに、スイッチの先に続いているはずの管のことなど普段は気にすることなどないし、ましてその管が最終的にどこにつながっているのかなど、考えたこともないだろう。

しかし今度の我が家では、数か月おきに浄化槽の検査が行われ、バクテリアが活発に働いているかどうかが、数値ではあるが、知らされるのだ。必然的に、浄化槽の状態に気をつけないわけにはいかず、流す汚物の「質」に注意せざるを得なくなる。たとえば、油汚れをそのまま流すとバクテリアが弱ってしまうかもしれないので、皿や鍋についた油汚れは、以前にもまして、徹底してトイレットペーパーで落としてから洗うようになった。塩素系の漂白剤は一切使っていないので、問題ない。また、界面活性剤を多用した合成洗剤なども使っていないので大丈夫だろう。

浄化槽内のバクテリアにとって、合成洗剤が毒なのかどうかはいろんな意見があって、はっきりいってよくわからなかった。ネットで検索すると、使いすぎなければ大丈夫とか、合成洗剤にも対応した浄化槽だから問題ないとか書かれてあるページに遭遇する。しかし、こうした書き方がなされていると、かえって安全とは言い切れないのではないか、だから使わない方がいいのではないかなどと思ってしまうのだが、どうだろう。

❸ 水俣の海を守る石鹸工場

合成洗剤が、川や海の汚染源となることは昔から言われていた。一九七七年以降、琵琶湖での赤潮発生が発端となり、洗濯用合成洗剤の助剤として使われていたリン酸塩の使用をメーカーが自粛したため、合成洗剤は安全だという雰囲気が広まったが、だからといって環境への負荷がなくなったわけではない。水と油をまぜ合わせる界面活性という、たとえ濃度が薄くなったとしても失われないこの性質が、他の毒物の毒性を強める、いわゆる複合汚染の最大の要因となると、鳥羽市水産研究所所長であった石川貞二さんは言っている。自然にとって異物であることは間違いなく、生分解しにくく、汚れを落とす成分が石鹸よりもずっと複雑なのだ。しかもその複雑な構造をした新成分が次々と開発されているらしい。つまり、毒性の高いものや、環境に対してどういった影響があるのか未知のものが生み出されているということだ。

合成洗剤より生分解が早く、環境に優しいとされる石鹸は、天然の油脂とアルカリというシンプルな成分で作られており、五千年ともいわれる長い歴史をもつロングセラー商品である。その石鹸を二五年以上作り続けている会社が、水俣にある。そのまま川や海に流してしまえば汚染源となってしまう廃食油をリサイクルして、その石鹸は作られている。その会社の設立趣意書の一部を引用させてもらう。「不知火海は、チッソが流した有機水銀によって汚染され、破壊されました。その海のこれ以上の汚染をくい止め、よみがえらせ、守っていくためには、私たち自身の生活のありようが問われていると考えます」。海が汚染されて水俣病が発生した水俣だからこそ、これ以上の汚染を食い止め、守っていくために石鹸を作るのだという決意が伝わってくる。

我が家でも、この会社の洗濯石鹸を使っている。泡立ちがよく、石鹸カスもほとんど残ることがない。夫も私も大満足しているのだが、この会社の職員である永野隆文さん曰く、なかなか売れないのだそうだ。ちなみに、永野さんも月浦の住人である。

先日我が家で一緒に飲んだときに、その永野さんがおもしろいことをいっていた。永野さんの娘さんたちがまだ小さかった頃、学校の運動会に行くと、白い子どもたちに交じって黄色い子どもが走っている姿が目立っていたというのだ。永野さんの娘さんたちは、もちろん黄色い子どもである。どういうことかというと、市販の洗剤には蛍光増白剤が配合されており、生成りのものも白く染まってしまうほど白い仕上がりになるのだが、石鹸にはそうした物質が含まれていないので、洗っていくうちに黄色っぽくなる。その黄ばんだ服を着ているのが、黄色い

永野さんと石鹸工場

子どもたちなのだ。

蛍光増白剤とは染料の一種で、紫外線を吸収し青色の光（蛍光）を放出する物質である。しかし、その安全性および環境への影響に関しては、疑問符がつけられている。使用量によっては皮膚への刺激やアレルギー反応を起こすこともあるらしく、なぜか通産省通達により、必要最小限の使用にとどめることや、乳幼児用製品についてはできる限り使用を避けることとされている。また、蛍光増白剤の原料であるスチルベンには環境ホルモンとしての作用があるという意見もあり、十分な解明がいまのところなされていないのだそうだ。いずれにせよ、黄ばみを防ぐために安全性を犠牲にするという選択は、私には理不尽に思えてならない。

❹ 水俣で石鹸が使われない矛盾

環境先進地である水俣市の「売り」のひとつが、二四種類のごみの分別であることはすでに述べた。そして、そのなかのひとつが廃油であり、バイオディーゼル燃料や石鹸の原料としてリサイクルされている。ところがその廃油を使って作られた石鹸が、水俣市ではあまり使われていないのだ。

アパートに住んでいたときもそうだったが、引っ越しの挨拶の品の定番としてもらう洗剤は合成洗剤ばかりで、その処理に困る。街中を歩いていても、合成洗剤や柔軟剤のにおいが気になる。環境で痛めつけられた水俣だからこそ、環境に配慮した石鹸が必要なはずなのに使われていない、というこの矛盾はいったい何なのだろうか。

そしてこの矛盾の極みが、水俣市立水俣病資料館である。資料館の目玉といわれているのが語り部の講話であり、その語り部を開館当初からしている濱元二徳さんは、永野さんたちが石鹸工場を立ち上げる際の出資者のひとりである。受付脇のグッズ販売コーナーには、永野さんたちが作った石鹸も置いてある。今は体調を崩し講話をすることはなくなったが、かつての濱元さんの講話では必ず石鹸の話が出てくるので、その日の石鹸の売り上げが非常にあがったということだ。こうして石鹸は、資料館の目玉商品のひとつになっているのである。ところがその資料館内では、合成洗剤が使われているのだ。いったい資料館が発するメッセージとは何なのか、と考え込んでしまう。

我が家の敷地内で働いてくれているバクテリアたちは、水俣のこの矛盾をどう思っているのだろうか。少なくとも我が家だけは、バクテリアたちによけいな負担をかけないようにしなければならない。そして願わくば、徐々に石鹸を広めて、水俣の海の「再生」に貢献しなければならないと思っている。

第16章　ふぞろいの生垣たち

❶ 多種多様であるということ

我が家の生垣には、いろんな木が植えてある。背の高いのやら低いのやら、葉っぱが丸みを帯びたものやら尖ったものやらと、多種多様である。なかには花が咲くものがあったり葉が赤くなるものもあり、そのときどきで見る楽しみを与えてくれる。一般の家の生垣に比べると雑多な印象を受けるかもしれないが、こうなったのにはしっかりとした理由がある。それは、「生物多様性」の強みを最大限利用したいからなのだ。

古川氏の説明によると、「『タデ食う虫も好き好き』というように、樹木や草花に付く虫は種類が違う。同一種の生垣にすれば、付く虫も一種となり被害は拡大する。しかし、混植すると虫も多種になり広がらない」というのである（『建築ジャーナル』二〇一一年二月号）。しかもこの生垣は、いいかげんに刈り込んだとしても、もともとふぞろいなので目立たず、プロの手を借りて刈り揃える必要がない、というおまけもつく。

この生垣が象徴する「生物多様性」とは、地球上の生物がバラエティに富んでいることであって、複雑で多様な生態系そのものを指し示す言葉である。しかし、本来はこの多種多様であったはずの生態系が、自然環境の悪化に伴い、これまでにない早さで失われつつあるといわれている。多種多様であるからこそ、あらゆる生物がバランスを取りながら生きながらえることができる。にもかかわらず、それが崩れつつあるのだ。そしてそれは自然環境に限らず、人間社会に対してもいえることなのかもしれない。

❷ それぞれの闘いの歴史

水俣病の被害者団体の数は、驚くほどたくさんある。たとえば、今でも活動している団体で、私が思いつくだけでも次のようなものがある。「水俣病互助会」「水俣病患者互助会」「水俣病被害者互助会」「水俣病患者連合」「チッソ水俣病患者連盟」「水俣病出水の会」「不知火患者会」「水俣病被害者芦北の会」「水俣病被害者獅子島の会」「水俣病被害市民の会」。さまざまな被害者団体は、主張や活動方針、地域性などがそれぞれ異なり、時にはひとつになったり、あるときは分裂したりとこれまでの長い水俣病の歴史のなかで、複雑な道を歩んできた。

水俣病は終わっていない。現に、水俣病をめぐる争いは今でも法廷の場で行われているし、二〇一二年七月三一日に締め切られた「水俣病被害者の救済及び水俣病問題の解決に関する特別措置法」（特措法）に至っては、六万五千人もの申請者がいる。そして、特措法の「救済」から対象外とされた人たちのなかには、訴訟に踏み切った人たちもすでにいる。今後もそうした人たちが増えてくるだろうし、裁判ではなく認定を求めて申請するという道を選ぶ人たちも現れるだろう。こうした一連の動きが、水俣病問題が未だ解決にはほど遠いということを示しているのだ。

この終わらない水俣病の実情と、多様な被害者団体の存在は無関係ではない。現在、熊本地裁で国・県・チッソを相手に闘っているのは、先にあげた団体のひとつである「水俣病被害者互助会」の人たちである。そうした多様な団体がいろんな声をあげることによって、早期に幕引きを図ろうとする国や県の動きをけん制してきたのだ。つまり、多様な被害者団体があったからこそ、水俣病事件を終わらせることなく、ここまでやってこられたのである。

❸ 月浦の「闘士」たち

我が家が建つ月浦から南にかけての地域は、水俣病が多発した激甚地である。そして、水俣病をめぐる闘いのなかで、多くの「闘士」たちを輩出した地でもある。

水俣は、水俣病が発生したことで、多くの市民がもともと抱いていた漁民に対する差別意識が表面化していったという歴史をもつ。その漁民が多く暮らしていたのがこの辺りであり、ここから被害者でありながら差別や偏見を受けるという不条理に対して異議申し立ての声をあげたり、患者の声を代弁する者が現れたとしても、不思議ではない。

自主交渉派の中心人物だった川本輝夫さんもその「闘士」のひとりである。水俣を撮り続けた土本典昭監督のドキュメンタリー映画にもたびたび登場する彼は、当時のチッソの島田社長と机に座って対峙している姿が有名で、いかにも激しい「闘士」といったイメージをもたれている。ところが実際は、温厚で柔和な人だったという。土本映画にも、彼のそうした側面がしっかりと映しこまれている。

その川本輝夫さんと一緒に闘ってきたのが、第11章にも登場したケンさんこと高倉史朗さんである。水俣に移り住むことを決めたひとつの理由が、川本さんの闘う姿に惹かれたことだったという。熊本県庁の入り口にテントを張って数か月に及ぶ座り込みを行ったり、権力側からの暴力に抵抗して逮捕され留置場に入れられたりと、二人は行動を共にしてきた。チッソ水俣病患者連盟の事務局長として、ケンさんはいまでも患者に寄り添いながら、独自の闘いを続けている。

そして、忘れてはならないのが上村好男さんである。第12章にも登場した彼の住まいは、我が家から歩いて数分のところにある。水俣病裁判の第一次訴訟を原告の患者家族として闘ってきたのが上村さんで、その裁判でチッソの賠償責任がはじめて確定したのだった。そして、現在も「水俣病互助会」会長を務めている。上村さんがこの地区のごみ問題に多大な貢献をしてきたことは先にも触れたとおりだが、水俣病事件史における足跡を考えると、水俣における彼の存在の大きさは計り知れない。

　裁判とは別の形で水俣病との闘いを続けてきたのが、緒方正実さんである。その闘いは、水俣病の幕引きを図ろうと国が行った一九九五年の政治決着のときから始まった。水俣病とは認められないが、水俣病らしき症状がある人に対するこのときの「救済」を受け入れることとし、申請したのだった。ところが、多くの水俣病患者が出ている網元の家で育った彼の申請は、こともあろうに棄却された。そこで、「公害健康被害の補償等に関する法律」(公権法)による認定申請を申し出たのだが、こちらも棄却され、その後、行政不服審査請求を繰り返すという闘いが一〇年続いたのである。最終的に水俣病と認定された緒方さんは、現在は水俣病資料館の語り部として、自身の経験を語り伝えるという新たな闘いに挑んでいる。

　実は、我が家の居間の中心に据えられた座卓は、建具店を営む緒方さんの手によるものだ。二〇一三年一〇月に熊本で行われる水銀条約締結のための外交会議についてのNHK国際放送の番組取材に応じた緒方さんの背景に、製作途中のこの座卓がしっかりと映っていたのも何かの縁なのだろうか。

④ 見せない工夫

ここに登場した人びとは、皆が一致団結して水俣病問題解決のために取り組んでいるわけではない。それぞれが独自の闘いをしながら、その幕引きを図ろうとする流れに立ち向かう「壁」となってきただけではなく、その時々の困難な状況のなかで次の「闘い」へとつながる展望を開いてきた。そして、川本さんに惹かれてやってきたケンさんのように、このあたりには人が人を呼び寄せるかのように「よそ者」が多く集まってきたのだった。その結果、多様な人たちが居を構えるようになったのである。多様性という特色を生かした我が家の生垣とどこかつながるように思えてならない。

その生垣の効果だが、「緻密な」計画のもとに植えられたものであることが、古川氏のホームページを見て判明した。そこには、次のように書かれている。「西に樹木を植え、訪れた人からは不知火海は見えないようにしている。家に入り玄関から、リビングにたどり着いたとき、西窓の額の中に納まった不知火海は絵画と化す」。

これから伸びていくであろう生垣と、庭に植えられた一本の木が、我が家にやって来た人に不知火海をすぐには見せないためのブロック機能を果たしていたことをこのときはじめて知ったのだった。しかもそれは、古川氏ご自慢の西の窓を活かすための工夫でもあったのだ。

天然のクーラーにもなるという生垣は、本当に優れものである。古川氏曰く、植物には熱気をとってくれる効果が期待できるのだそうだ。建ってから三年が経過した「水俣エコハウス」の生垣たちは、写真にあるとおり、すくすくと育っている。我が家の生垣も、そのうちあのように大きくなって冷気をもたらし、かつ多様な姿で私たちをこの先も楽しませてくれるに違いない。

「水俣エコハウス」の生垣（三年前）

「水俣エコハウス」の生垣（三年後）

第17章　「社会の窓」から見えるもの

❶ 敏感な「戌《いぬ》」の鼻

我が家を訪れる人が必ず漏らす感想が、「木の香りがいいですねえ」というものだ。私たちも最初はそう思っていたのだが、慣れというのは恐ろしいもので、今ではあまり感じなくなってしまった。洗剤や柔軟剤といった化学的に合成された嫌なにおいには敏感な私なのに、なぜかいいにおいにはそれほど鼻が利かない。戌年生まれの鼻の気まぐれさにも、困ったものだ。ちなみに鼠年生まれの夫は、日本酒のにおいには敏感で、私からするとほとんど差が感じられないにもかかわらず、微妙な「違いのわかる男」である。

我が家に来た人が次に口にする感想が、「木の家は落ち着きますね」というものである。なぜ、木の家は落ち着くのか。おそらくこれは、木を見て落ち着くというのもあるだろうが、その多くは香りと感触からくるものではないかと思われる。つまり、鼻と皮膚から伝わってくる情報によって、なんとなく落ち着くと感じるのだろう。

ただし、いくら木をふんだんに使っている家だからといって、そこが幹線道路に面していたり、繁華街のなかといった周りの音が気になるような場所に建っていたら、そうした印象はもたれないかもしれない。家の印象というのは、家そのものだけではなく、その家がどこに建っているのかによっても違ってくるものなのだろう。要は、印象の形成に関与するのは、視覚からだけではなく、鼻や皮膚、耳からの情報も重要な役割を果たしている、ということである。

❷「エコハウス」という離れ島

では、我が家の周りの環境はというと、どうだろうか。落ち着いた印象をもたれるということは、車の行き交う音や工場の騒音だとかに悩まされることのない、静かなところに建っているということになる。ただし、まったく音がしないわけではない。むしろ、いろんな音が聞こえてきて、住んでいるとけっこうにぎやかである。人によっては、そうした音をうるさいと思ったとしても不思議ではない。たとえば、裏の「鷲山」からは、特に春の繁殖期になると鷺の鳴き声がうるさいくらいに聞こえてくる。夏になると、昼間は蝉の声がうるさいし、夜は鈴虫の鳴く声が聞こえる。風の強い日は、近くの港から、船を係留しているロープのきしむ音が、そばを走る道路下の空間に反響して、犬や狼ではないが何かの遠吠えのように聞こえる。

そうした周りの音がよく聞こえるのは、主に窓を開けっぱなしにしているときなのだが、その窓から入ってくるのは音だけではない。周りのにおいが漂ってくるときもある。それが食べ物のいいにおいとかだったらいいのだが、「戌」の鼻はそうしたにおいには鈍感で、敏感に反応するのは嫌なにおいなのだから、まったく困ったものだ。

化学的に合成されたものを極力使わないつくりの我が家は、「シック」な私にとって安心して住める家なのだが、窓から入ってくるにおいは防ぎようがない。どこからやってくるのかわからないが、風向きによって、洗剤や芳香剤のにおいが漂ってくる。アパートやマンションに住んでいたときとは異なり、隣と極端に近いわけではなく、風向きが変わればにおわなくなるので、その点は以前よりもマシになったが、一軒家といえども周りの影響を受けないわけにはいかないことを、そうしたときに強く感じるのであった。つまり、我が家だけが「エコハウス」だったとしてもダメなのである。「エコハウス」がもっと建たないことには、あるいは「エコハウス」的な生活をする人が増えないことには、「シック」な私たちにとって生きづらい世の中となってしまうのである。

❸ テレビで出会った「水俣病」

それにしても、周りの家はいったいどういう生活をしているのかと思ってしまうほど、閉ざされた空間のなかで暮らしているように感じてしまう。家の中の間取りや内装には気を使うのだろうが、窓から見える景色など、それほど気にならないのだろうか。たとえば広い敷地であるにもかかわらず、眺望をまったく気にしないつくりになっている家もある。その家の南側の窓など閉まっていることが多く、空いているときでもカーテンが閉まっているので、外の景色は見えないはずだ。窓が大きく、カーテンのない我が家とはだいぶ事情が異なるようだ。

我が家にテレビがないことは、すでに述べた。そんな我が家の夜は、時間をもて余すほど長いのではないかと思われる方もおられるだろうが、そんなことはない。もしテレビがあったとしたら、見なくてもいい番組を半強制的に見せられ、ただでさえ忙しいのに、さらに忙しい生活を強いられてしまうのではないだろうか、との恐れすら抱いてしまう。

先日、第14章に登場した語り部の吉永理巳子さんに彼女が生まれ育った明神崎のことについて尋ねたときに、彼女が興味深いことをいっていた。理巳子さんのお父さんは、水俣病公式確認の二年前の一九五四年に発病し、亡くなった。その少し前に近所の人が発病した。お父さんの次には、おじいさんが発病した。こうして、自然豊かでおだやかだった明神地区に、次々と水俣病の影が忍び寄ってきたのだった。当時の明神には家が四軒しかなく、いわばそこは陸の孤島といった地であり、町の人が訪ねてくることなどめったになかったという。水俣病が最初に発生したのはそうした辺鄙なところだったから、「町の人は水俣病患者の姿を見たことがなかったはずだ」と彼女は断言したのである。

では、町の人たちはどこで最初に水俣病患者を見たのか。おそらくテレビではないだろうか。一九五九年一一月二九日にＮＨＫで放映されたドキュメンタリー番組『奇病のかげに』や、熊本放送が同じ年の四月に開局したＲＫＫテレビのニュース番組を通して、水俣病患者を知ったに違いない。それは、全国の人たちが水俣病患者を「見た」のと変わらない方法で、水俣の人たちもまた患者を「見た」ということであり、しかもその映像に映されているのは、急性劇症型の患者の姿だったため、ここで「水俣病＝急性劇症型」という図式が頭のなかにインプットされたのかもしれない。熊本大学研究班が撮った、激しく痙攣したり、体の震えが止まらない患者の様子が収められた映像が、その頃から現在までも繰り返し流され続けているのだ。

初期の頃の急性劇症型の水俣病患者の姿は、どこに行っても今はない。現在の患者が抱えている症状は、普段は見た目にはわからないものがほとんどである。だからこそ映像で見た患者の姿と、目の前にいる患者の姿とのギャップにみな戸惑うのであり、「偽患者発言」といった被害者を傷つけるような出来事が後を絶たないのである。そして、そうした「市民」対「患者」といった対立の構図が作り出されたことに、テレビをはじめとしたメディアが少なからぬ影響を与えてきたのは間違いないだろう。

❹ メディアとしての私たち

「社会の窓」という言葉がある。男のズボンのあそこのことではない。その語源をたどると、一九四八年から始まり約一〇年間続いたNHKのラジオ番組『社会の窓』からきているらしい。この番組のウリは、社会の内情を暴きだすということだったそうだが、今のテレビをはじめとする主流メディアは「社会の窓」としての役割を果たしているのだろうか。たとえば、水俣病問題に終わりが見えないことや、それがどうしてなのかをきちんと伝えているのだろうか。

我が家の西の窓の先には、有機水銀に汚染された魚がかつて泳いでいた海が見える。そこには、被害の拡大を防ぐためとして全長四・四キロにおよぶ仕切り網が設けられていた。一九九七年一〇月に撤去されたこの網は、四・五センチ四方の網目を小魚がすり抜ける様子も目撃されているし、船の出入りのために網が設置されていない幅二二〇mの場所もあり、効果は限定的だった。国や県も、その効果は六~七割だったと認めているという。そして、その仕切り網の痕跡は、水俣市立水俣病資料館が建つ明神崎の裏手から降りた岩場にひっそりと残されている。

教育現場で頻繁に取り上げられるメディア・リテラシーということばがある。日本語に訳すと、「メディアの読み解き方」ということになるのだろうが、それだけにとどまるものではない。

むしろ、メディア・リテラシー実践の第一歩は「読み解く」以前の問題、つまりテレビをはじめとしたメディアの役割が限定的なものでしかないと気づくことである。そして次にくるのが、自分自身の立ち位置を知ることである。それは、自分がどういうものの見方をしているのか、何に価値を置いているのか、どういった人たちと関係をもとうとしているのかを見極めることだ。そのうえでメディアのメッセージを改めて読み解いてみると、それまでとは異なる意味を見いだせるのではないだろうか。

そして何よりも重要になってくるのが、新たに発見した意味をどうやってほかの人に伝えていくのかということである。テレビが伝えないものや、仕切り網のようにすでに目の前から消えてしまったものがもっていた意味、それが今の水俣病問題とどうつながっているかなど、自らの考えを他者とどう共有していくのかが問われているのだ。それは、メディアである私たち自身もまた、「社会の窓」としての役割をどうやって果たしていくのかということである。そんなことを考えていると、あっという間に日が暮れて目の前の海も黒一色の世界に変わっていくのだった。

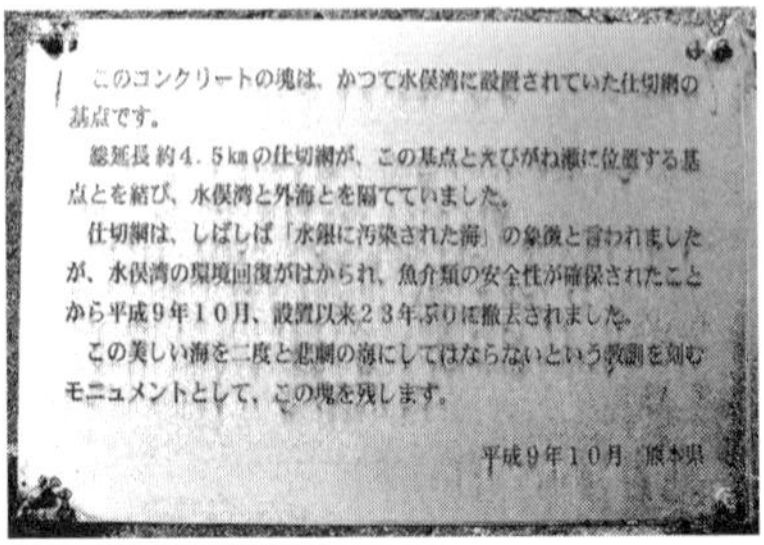

仕切り網の基点（右）とその説明（左）

第18章　地球の肥やしになる

❶ 不思議な家屋調査

二〇一三年一〇月四日、ついに家屋調査の日がやってきた。この調査の結果で、固定資産税と都市計画税の評価額が決まる。言い換えると、この家の価値が公的に決定されることになるのだ。いったいどんなことを聞かれるのかと不安と期待のなか、予定時刻午前一〇時きっかりに玄関のチャイムが鳴り、市役所の担当課の二人が現れたのだった。家の周りをまず見たい、それが終わったら声をかけますとのことだったので、その間の約二〇分、東京に「出稼ぎ」に行く支度を勝手にしていた。

いよいよ家の中である。しかし、これも勝手にやらせてほしいとのことだったので、今度はパソコンに向かって仕事をしていると、終わりましたのでこれで帰らせてもらいますと声がかかった。終了まで五〇分弱。その間、二人がやっていることをちらちらと見ていたが、窓や玄関の大きさを測ったり、高窓ジャロジーをじっと見つめたりといった感じで、これでいったい何がわかるのかと不安になった。

最後にひとつだけ質問させてください、という前振りで聞かれたのが、この家のだいたいの値段だった。備品とか含めない家本体の値段ですよね、と確かめたあと、「千*百万ぐらいだったと思います」と答えたところで、家屋調査がすべて終了した。

この家屋調査は、もともとは数日後に予定されていたのだが、私が水俣にいるときの方がいいだろうと夫がいうので、わざわざ日時を替えてもらったという経緯があった。したがって、私にとってはこれが今回の短い水俣滞在のフィナーレを飾るべく楽しみなイベントのはずだったのだ。しかし、どのくらいの評価を受けたのか、そして評価の基準となるものが何なのか、その糸口さえつかめぬまま、あっさりと終わってしまった。

❷ 家の価値を決めるもの

いったい家の価値とは何で決まるのかを知りたくなり、家屋調査が終わったあとで調べるのもおかしなものだと思わないわけでもなかったが、一応ネットで調査のポイントが何だったのかを確認してみた。参考としたページを念のために載せておく（http://search.e-gov.go.jp/servlet/Public?CLASSNAME=Pcm1010&BID=145207294）。

まず目を引いたのが、調査項目の多さだった。とても五〇分程度のチェックで終わるようなものではない。おそらく、建築許可を取る際に提出した図面などで、ほとんどのところはすでに結果がでていたのではないだろうか。確認の主たるものは、補正項目、すなわち仕上がりの程度の良し悪しなどだったのではないかと思われる。たとえば、天井や床であれば、施工の程度という項目があって、「程度の良いもの」と「普通のもの」、「程度の悪いもの」という三段階に分かれており、普通を一とし、よければ増点補正、悪ければ減点補正が定められた率にしたがって行われるようになっている。

我が家はどのような評価を受けたのか。表を何度も見直してみたが、はっきり言ってわからない。専門的な用語が多く、素人では太刀打ちできないのだ。ただし、わかる項目もいくつかあった。たとえば、洗面器や洗面化粧台などは大きさによって点数が変わっていく。大きいほど評価が高くなっていき、評価額もあがる仕組みになっているのだ。しかし、素材やその最終的な「行方」は問われておらず、当然、評価にも含まれていない。要は、その家が建った時点での現状しかほとんど考慮されることのない評価基準となっているのだ。

家はいずれ朽ち果てる。そのときにどの程度環境に負荷をかけるのだろうかといった視点が、ここではまったくない。そこまで考えて作られた家であれば、固定資産税などは安くなるといったしくみができてしかるべきだし、そうなれば我が家の家計もずいぶんと助かるのだが、そういった具合にはどうやらなっていないようだ。

❸ 古川氏は「廃墟建築士」？

百年、いやもっと先かもしれない我が家の将来を示唆してくれる表を古川氏が作ってくれた。『建築ジャーナル』に寄稿した記事のなかに「水俣エコハウス」の使用材料とその行方に関する一覧を見つけ、その表の我が家ヴァージョンを作って欲しいとリクエストしたのだが、それに応えてくれたのが次頁にある表である。ここからわかるように、使われている材料のほとんどが九州産で、最終的にそれらは土や煙となっていく。今風のことばで表現すると、限りなく「ゼロエミッション」、つまり生産や廃棄、消費にともない発生する廃棄物をゼロにしようとする考え方に合致した建物ということになる。

家はいずれ廃墟となる。だとすれば、そのときに「負の遺産」を残さないという覚悟を示す必要がある。そして、その示された覚悟の度合いによって家の価値が決まる、というように考えられないだろうか。

三崎亜紀の小説に『廃墟建築士』という短編がある。新築の廃墟を建築するのが「廃墟建築士」であり、その廃墟建築士を生業とする主人公が「偽装廃墟事件」に巻き込まれていくというのがこの小説のストーリーである。「新築の廃墟」という表現は矛盾しているし、自然と朽

我が家の使用材料とその行方

使用場所	材　料	産　地	将　来
構造材	杉	水俣市久木野の山	煙
構造材	檜	水俣市久木野の山	煙
デッキ	檜	水俣市久木野の山	煙
屋根	瓦	淡路	別用途に転用
天井の断熱材	かんな屑	この家の工事現場	煙
建具	杉	九州	煙
和室床	畳表	熊本県八代市	煙
和室床	畳床	熊本県山都町	煙
洋室床	杉	水俣市久木野の山	煙
外壁・内壁	漆喰	福岡県田川市	土
障子紙	紙	水俣市の楮	煙
内壁	杉板	水俣市久木野の山	煙
天井	杉板	水俣市久木野の山	煙
土壁	土	熊本県宇城市	土
壁下地	小舞竹	熊本県八代市	煙
浴室の壁・天井	檜	水俣市久木野の山	煙
玄関ポーチ	古石	水俣のどこかの古石	リサイクル
浴室の浴槽	ホーロー鉄	メーカー	資源ごみ
洗面化粧台の洗面器	陶器	メーカー	産業廃棄物

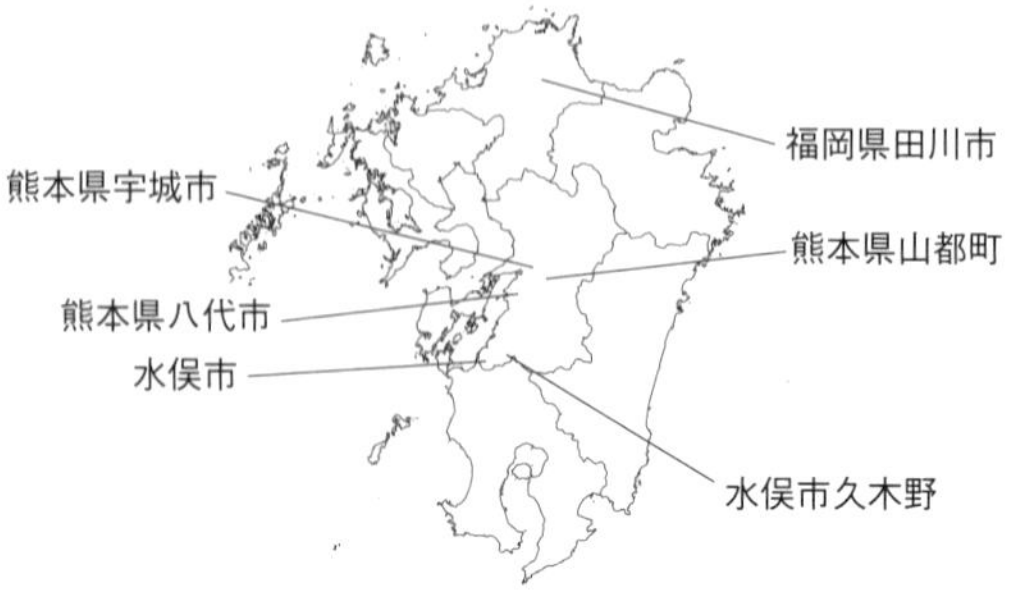

ち果てていくはずの「廃墟」に偽装があるのも変である。しかし、読み進めていくうちに、廃墟建築士という職業があってもいいと思えてきた。いや、それ以上に、建築士とは正確には廃墟建築士と表現すべきなのではないか、と思い始めたのだった。いずれ廃墟となるべく建物を設計しているのが建築士だとすれば、建築士という名の前に「廃墟」という二文字を付け加えたとしても不都合はないはずだ。古川氏なら、おそらく許してくれるだろう。

④「歴史的存在」としての私たち

人為的に作られるものは、将来の姿を見越したうえで建てられなければならないという原則から大きく外れたお手本のようなものが、水俣にはある。それは、水俣病の原因となった有機水銀を含む汚泥を浚渫《しゅんせつ》して埋め立てた五八・二ヘクタールもの土地の上に作られた「エコパーク水俣」という施設である。そこには庭園やスポーツ施設などがあり、市民にとっては憩いの場として機能している。また、道の駅やバラ園といった観光用の施設も併設されている。

一見きれいに整えられたこの施設が、五〇年しかもたないとされる鋼矢板セルで囲まれた護岸の中に無毒化されないままの水銀を閉じ込めただけの埋め立て地の上にあることを、ここを訪れる人たちのどのくらいが知っているのだろうか。埋め立て地は、工事が完了したとされる一九九〇年から二〇年以上が経過しており、鋼矢板セルの寿命はすでに三〇年をきっている。しかも五〇年という数字の根拠もあいまいで、それまでもたないかもしれないという意見もあるし、地震や津波に対する安全性の考慮が設計時になされていなかったという、工事が行われた当時の責任者からの指摘もあるのだ。

私たちは、目の前のものしか見ようとしない傾向がある。目の前にあるものがどうやって作られたのか、それが作られる以前はそこに何があったのかなど、よほどのことがない限り考えようとはしないし、今後そこがどうなっていくのかなどと想像することもめったにない。私たちは、いわば「今」しか見ていないのである。

家を建てるという個人的な出来事から、少々大げさかもしれないが、今ある私たちの「歴史性」を改めて学ばされたような気がする。私たちは、先人たちの知恵の集積のうえに生かされている。伝統構法の家でいうと、たとえば日本全国どこに行っても変わらない古くから伝わる五八種類ほどの基本的な木の組み方であったり、竹と土でできた土壁であったり、深い軒である。そして、そうした知恵を生かして作られたものは、たとえ私たちが亡くなったとしても、いずれ自然に還っていくことが最初からわかっている。こうした循環の一地点に、私たちは存在しているだけに過ぎないのだ。そのことを我が家と「エコパーク水俣」は、異なる角度から教えてくれている。

第19章　小で大を兼ねる

❶ なぜか広く見える家

第3章でも書いたように、我が家は二〇坪のコンパクトな住まいである。しかし、訪ねてくる人のほとんどが、「広々としていますねえ」といった感想を述べる。その理由を私なりに考えてみたところ、二つあるように思う。

ひとつは、玄関からリビング、畳の部屋に向かって天井が高く、一体感があることだ。その部分は、室内の天井が屋根の形状と一致している、つまり天井裏がないつくりになっているのである。したがって、目の錯覚なのだろうが、広々として見える。

もうひとつの理由は、物がないことだろう。何度も書いたように、テレビがないし、エアコンもない。家具も、収納スペースにちょっとしたボックス風のものがある以外は、置いていない。要は、がらんとしているのだ。これなら広く見えてあたり前だろう。

来客はこうして広く見えるが実はそんなに広くない空間を褒めてくれるのだが、我が家には「この家は広すぎる」と文句をいう輩がひとりいる。それは、要領の悪い我が夫である。私が東京にいるときは、朝食を食べるまでにやたらと時間がかかるのだ。ラジオ体操をするべく六時半前には起きているのに、掃除だ、庭の水まきと草取りだ、洗濯だとやっていると、朝食は九時をまわるときもある。何でそんなに時間がかかるのかと私が責めると、この家と庭の広さを理由にあげるのだ。彼には、第3章で紹介したモバイルハウスがちょうどいいのかもしれない。夕日を眺めながら、お酒が飲めればいいのだから。

❷ 石鹸はすべてを兼ねる

よその家にお邪魔して驚くのは、我が家と比べて、とにかく物の数が多いことだ。それは、世の中に物があふれていることと無関係ではない。

また洗剤の話で恐縮だが、スーパーやドラッグストアに行くと、台所用だのトイレ用だのお風呂用だの床用だのと、とにかくいろんな種類の製品が、所狭しといった具合に並んでいる。それを一つひとつ選んで買っていくのかと思うと、そこに費やす時間とエネルギーの膨大さにくらくらしてしまう。我が家はというと、お風呂用も台所用も同じ石鹸を使っている。つまり、身体と食器類を洗う石鹸が同じなのである。そして、トイレと床は洗剤や石鹸を使わず、水拭きである。東京のマンションで、たまにトイレが黄ばんできたときは、スポンジに石鹸を付けて洗ったらきれいになった。見かけはいろんな種類があったとしても、それぞれの製品の成分を見るとたいした違いはないのだから、あたり前といえばあたり前だし、ましてや石鹸は第15

章でも触れたように、いたってシンプルなつくりになっているのである。

私たちは、「兼用」ということばを忘れがちなのではないだろうか。ベッドルームは、寝る為だけにしか使えないが、畳の部屋は昼と夜とでは異なる使い方ができる。ノートパソコンがあれば、たいていの作業ができる私の仕事は、西の窓の前のカウンターでもできるし、リビング中央の座卓でもできる。そこは食事用のテーブルでもあり、作業用の机でもあり、来客用の座卓にもなるのだ。目的別の空間が必要だという発想自体を変える必要があるのではないだろうか。

❸ なぜか自然と増えるモノ

私よりも一〇ほど歳が上の友人が昔言っていたことばが思い出される。それは、五〇を過ぎたら物をあげるなり捨てるなりして整理することを心掛けていかなければならない、ということだった。物は知らない間に増える。意識して増やさないようにしない限り、自然と増えていくのだ。

我が家は比較的物がないとはいえ、やはりまだ増え続けている。人生もとうに半ばを過ぎたのだから、ここら辺で真剣に増やさない、そしてできれば減らす努力をしなければならないのではないかと思っている。

この先いったい何が必要で、何が不要となるのだろうか。家の片隅にひっそりと置かれたままになってしまうような物が要らないことは確かだ。いざというときのために取って置く物もムダかもしれない。そういうときが来るかどうかもわからないし、もし来たとしたら、そのときに手に入れれば間に合うものが多いのではないだろうか。

周りの人が心配してくれるのが、本の置き場である。今のところ我が家には、小さな本棚がひとつしかない。東京のマンションや研究室に置いてある本をもってくるとなると、とても収まらない。おそらくそのときは、ある程度のスペースは確保しなければならなくなるが、大半の本は処分しようと思っている。図書館や資料館などを活用すれば、なんとかなるのではないだろうか。

では、この先いったい何が必要となって来るのか。それは、上野千鶴子が『おひとりさまの老後』（二〇一一年 文春文庫）でも書いているように、「心地よい人間関係」ではないだろうか。誰と、どう付き合っていくのか、これからはそれが問われていくのだと思う。

水俣にいると、東京での生活では考えられないほど人との行き来が多い。律儀な夫は、手帳に誰と会ったのかを日記のように記しているが、赤ペンで書かれている人の数の多さには驚かされる。そうした人たちの家の庭や畑で採れた野菜や、その料理をもらうことも結構ある。しかもうちだけでは食べきれずに、お隣や近所の人にさらにおすそ分け、となることもあるのだ。

そうした付き合いを煩わしいと感じる人もいるだろうが、私たちにとっては新鮮で心地よい。ただ、今のところ私たちからおすそ分けできるものがないのが、悩みの種ではある。

❹ 共生の意味

庭には家庭菜園用のスペースが用意されている。まずは土づくりからというわけで、大きな石や根っこを取り除いて、鍬で耕し、蝙蝠の糞から作られた有機肥料をそこに入れたところまではいいが、そのあとが手つかずのままである。いつになったら野菜ができるのか、と夫を責めても、「まずは土づくりから」と同じセリフを繰り返している。自家製の野菜が食べられる日は、どうやら当分はやってきそうもない。

最近、その何も植えられていない家庭菜園に肥やしをやってくれるものが現れた。一〇月初めに私が水俣に帰るまで、まめな夫は、毎日のように携帯で写真を撮って送ってくれていた。どこから来たのか知らないが、白黒の仔猫である。よっぽど我が家が気に入ったらしく、縁側で昼寝をしたり、海を眺めたりして過ごしている。

夫が庭の生垣に水まきをしていると、足にまとわりついてくるのだそうで、それが終わるとにゃあにゃあとうるさいぐらい鳴いて食べ物を要求するらしく、最初は無視していたのだが、ついに煮干しをあげたらしい。今では、仔猫用の餌を買ってきて朝晩だけはせがまれれば食べさせているようだ。

いくら野良猫とはいえ、そこまで我が家が気に入ったのなら、せめて名前でもつけようかということで、ああでもないこうでもないとさんざん二人で考えた末、「ふう」と呼ぶことになった。この名の由来はというと、〝Who are you?〟の〝Who〟と「フーテン」の「フー」からきているのだが、最近、第11章と第16章に登場したケンさんが「風」という意味もありますねえとつぶやいたことで、新たな解釈も加わった。もっとも、野良猫であるが故、隣近所でも食べさせてもらい、別の名前で呼ばれているのだろうが。

さて、「ふう」がこの先いつまでうちの庭にいるのかわからないが、里親が見つかるまでは近所の家に迷惑をかけないように、朝晩の御飯くらいは提供したいと思っている。そして、見た感じ仔猫のようなので、しかるべき時期になったら去勢か避妊の手術――いったい「ふう」は雄なのか雌なのか――を受けさせるつもりである。野良猫がこれ以上増えないようにするには、そして猫と人とが共生していくためには、必要なことなのではないだろうか。縁側も「ふう」と私たちの兼用とすることにしよう。

海を見ていた猫

シロアリとの共生で始まったこの本だが、水俣ではとかく「共生」とはいったいどういうことなのかを考えさせられる機会が多い。特に私たちのような「よそ者」にとってはそうである。「共生」とは何かという問いに対してまだ結論が出たわけではないが、これまでの経験から徐々にはっきりしてきたのは、巷でよく言われているような「みんなが仲良く生きる」とか、「お互いを思いやりながら生きる」といった意味にとどまるものではない、ということである。シロアリとのことを考えてみれば、むしろお互いが異質性を保持したまま、それぞれの場所でお互いの暮らしを尊重しながら生きることが、共生なのではないだろうか。「よそ者」はもともと「異質」なのであり、だからこそ地元の人がためらうようなことでもはっきりと口に出して言えるのだし、それによって地域が変わっていくこともあり得るのだと思う。こうして「よそ者」は、水俣の地で生きていくことができるのである。

シロアリや「ふう」のこと、自分自身のことを考えていると、「共生」の意味がだんだんわかってきたような気がしてきた。「異なるもの同士が自由で対等な相互活性的関係を作って日常生活を営むこと」とする栗原彬の「共生」の定義に、妙に納得してしまうのだった（「共生」庄司洋子他編『福祉社会事典』弘文堂、一九九九年、二〇五－二〇八頁）。

第20章　風あたりの強い家

❶ 台風の通り道にたつ

伝統構法の良さをふんだんに取り入れたつくりの我が家であったはずだが、この本の最後の章を書くにあたって、大いなる矛盾に気がついた。我が家を設計してくれた古川氏が「基礎にアンカーボルトで建物を留めない家の作り方を伝統構法」(『建築ジャーナル』二〇〇八年一一月号)と呼んでいるにもかかわらず、我が家の西側は、完全固定のアンカーではないらしいとはいえ、一本のボルトで留められているのだ。古川氏が宗旨変えをしたのであろうか、と思いきやそんなことはなかった。

実は、これは我が家を想定外の大型台風による強風から守ってくれるための工夫なのである。「想定外」の災害には対処できないつくりになっている原発とは、その点で大きく異なる。こんなことを書くと、原発と個人の家を比べるなどおかしいと思う人もいるだろうが、原発事故がきっかけとなって水俣に居を構えることになった私たちにとっては、大事なポイントである。伝統構法の根幹を揺るがしかねないつくりになったとしても、数十年に一度の超大型台風という想定外への備えを優先させた古川氏の英断にエールを送りたい。

一本の引きボルトで留められた我が家

「風あたりが強い」といえば、我が家は別の意味でもそうかもしれない。新興住宅地の一角に建っているため、同じ住宅メーカーの手によって作られた、同じようなつくりの家が周りには並んでいる。それだけに、我が家は目立つのだ。「よそ者」の建てた風変わりな家だと思われているに違いない。特に、東京と水俣を行ったり来たりしている私とは異なり、その家にほとんどひとりで暮らしている夫には、より好奇の目が注がれているはずである。しかも、生まれも育ちも鹿児島で、「水俣弁」に近い方言を使いこなせる私に比べると、夫は見るからに「よそ者」なのだ。

❷ 水俣のチッソ？　チッソの水俣？

「チッソの方ですか」と、標準語しか話せない夫はよく聞かれるらしい。「いいえ、違います」と答えることでこの会話は終わるのだが、チッソ関係者でなければなぜこの水俣の地にわざわざ東京から来たのか訳のわからぬ奴だ、ときっと思われているに違いない。

それにしても、不思議なやり取りである。水俣におけるチッソの存在とは、それほどまでに大きなものなのである。しかもそのチッソに対する水俣市民の思い入れは、私たち「よそ者」にはとうてい想像できないくらい強いということを、元熊本放送報道制作局専門局長で、現在は長崎県立大学で教えている村上雅通さんと話しているなかで感じた。彼は、熊本放送時代、『市民たちの水俣病』や『記者たちの水俣病』、『水俣病 空白の病像』といったすぐれたドキュメンタリー作品を制作し、水俣病／水俣病事件とは何かを世に問い続けてきた。そういう村上さんに「今でもチッソを憎めない」と言わせるほど、水俣市民とチッソとの関係は複雑かつ密なのである。

村上さんは水俣の出身である。父親がチッソの下請け工場に勤め、母親が洋装店を経営し、店の客の大半がチッソの関係者であったという家で育っている。日本の高度経済成長を支えるシンボル的な存在が身近にあり、「会社ゆきさん」と呼んでチッソ社員へのあこがれを抱く市民感情が強いなかで、豊かな生活や明るい未来がチッソとともにあるという一体感が徐々に浸透していったのであろうことは、想像に難くない。しかし、その後水俣を離れ、ジャーナリストとなった村上さんが、「今でもチッソを憎めない」というのは、私たち「よそ者」にとってはどうしても理解できないのだ。

これは、何も村上さんに限ったことではない。水俣病患者のなかにも同じようなことを口にする人がいる。しかも、胎児性や小児性といった重度の障がいを背負って生きている患者たちでさえも憎み切れないチッソへの感情を口にすることがある。それほどの被害を受けたのであれば、原因企業であるチッソを憎んで当然だという私たちの思い込みをいともたやすく裏切ってしまうのだ。

❸ そこにあるはずの差別と偏見

水俣市民のチッソへの複雑な思いは、差別や偏見の見えにくさにも通じるところがある。夫がよく口にすることばで、「差別や偏見が今でもあるというが、どこにあるのかよくわからない」というのがある。チッソに対する複雑な思いが私たちにはよくわからないのと同様に、目に見えない差別や偏見は、そう簡単には姿を現してくれないのだ。あるいは、そこにあるにもかかわらず、見過ごしているだけなのかもしれない。

差別とは、本来見えにくいものである。なぜなら、ある行為が差別にあたるかどうかは、その行為を受けた当人が嫌な思いをしたかどうかによるわけで、ある特定の行為が差別になるといったように断定できるものなど、もともと少ないのだ。たとえば足の悪い人に段差があるから手を貸したとしよう。それをありがたいと思う人もいれば、余計なお世話だと気分を害する人もいるだろうし、さらにそれを差別的な行為だと感じる人さえいるかもしれない。このように、同じ行為であっても感じ方は千差万別なのである。

しかし、見えにくいとはいえ、水俣病／水俣病患者に対する差別や偏見は今でもなくなっていないし、水俣市民の差別と偏見をなくしたいと、第14章と第17章に登場した吉永理巳子さんなどは断言する。また、ときおり差別的な出来事を私たち自身も目撃することもある。たとえば、水俣市立水俣病資料館の別の語り部は、水俣病裁判関連でこれまでテレビニュースに顔が映るたびに「おばあちゃんのせいでいじめられた」と孫に責められていたということだ。彼女は、今でも「テレビはダメ」と取材に応じない。

このように、時折差別的な事例が氷山の一角のように顔をのぞかせる。しかし、その氷山自体がどれだけ大きいのかが、私たちには実感できないのである。いったいどれだけ多くの水俣の人たちがそのような意識をいまだにもっているのか、またそうした差別や偏見がいつまで経ってもなくならないのはなぜなのかがつかめない。チッソの責任をはっきりと口に出して言うことをためらわせる何かがあること、それが差別や偏見にどうつながっているのかが、わかりずらいのである。

④ 結びにかえて

古川氏と八月に熊本市内で会ったとき、私たちにとってあの家を建てたことはよかったことなのか、と唐突に聞かれたことがあった。簡単に結論が出せるような問いではないが、そのとき私は我が家を好きになるためにこの本を書いている、と答えたのだった。実際、この本を書きすすめるうちに我が家のことが今まで以上にわかってきたし、古川氏の考え方の素晴らしさを実感することも多々あった。

そして今、再び同じ問いが発せられたとすれば、家を建て、この本を書いたことで、私たち「よそ者」が何をしなければならないのかが、ぼんやりとではあるが見えてきた、ということを付け加えたい。「よそ者」の存在が水俣ではこれまでも重要な役割を果たしてきたし、これからもそうなのではないだろうか。

八月の会食の際、「水俣エコハウス」の設計を引き受けてよかったのだろうかと古川氏は今でも時々考えるのだと言っていた。環境に配慮した家づくりを広めようという目的で行われたプロジェクトであったにもかかわらず、影響力があまりにも小さかったのではないかと言うのだ。

このプロジェクトは環境省が助成金を出し、水俣市が行ったもので、古川氏はコンペに応募して勝ち抜き、請け負ったものだった。これによって、古川氏の考え方に賛同し、水俣にも伝統構法を使った家が増えるのではないかと考えていたそうだ。しかし、その予想は見事に裏切られた。熊本市では年平均で九件の引き合いがあるのに対して、二〇一〇年の「水俣エコハウス」完成以来、水俣ではこれまで誰も家を建てたいと名乗り出る者がいなかったというのだ。

そして最初に名乗りをあげたのが、私たち「よそ者」だったわけである。

水俣に住む「よそ者」は、これまでもいろんな意味でその地に少なからぬインパクトを与えてきた。この本に登場したケンさんや永野さんの活動を見ればわかるだろうし、その二人が住む近辺は、「よそ者」だらけである。そして、その「よそ者」のなかには、オルタナティブな生き方を実践している人たちが多く、彼女／彼らの生活自体が行き過ぎた近代化への異議申し立てとなっているのである。また、水俣市が環境に配慮したものづくりを行っている人たちを「環境マイスター」として認定するという制度があることは、すでに第8章にも書いたが、その「環境マイスター」に認定されている人たちのなかにも「よそ者」はいる。

水俣の地に「エコハウス」を建てた私たち「よそ者」も、その末席に加えてもらったのではないか、と大胆にも思っている。それは、伝統構法をふんだんに取り入れた家自体が、高気密・高断熱の家がこの九州という地にあってももてはやされる、という矛盾への異議申し立てだからである。その先のこと、つまり私たち「よそ者」がいったい何ができるのかは、今後の課題として、我が家に住みながらじっくりと考えてみようと思う。

長い間お付き合いいただき、ありがとうございました。

あとがき

二〇一一年三月一一日の東日本大震災とその後の福島第一原子力発電所事故は、誰しもが今後の生き方を考えざるを得ない大きな事件だったはずだ。その原発事故後、約二週間の避難生活を送った私たち夫婦が出した結論は、数年前から縁のあった水俣への「移住」であった。もちろん、先の見えない過酷事故へどう対応したらいいのかとか、内部被ばくを避けるための食料や水の確保をどうするのかといったことを考えたうえでの選択ではあったが、それ以上に大きな意味をもったのが、夫の働き方への疑問だった。

システム・エンジニアだった彼の原発事故前の生活は、朝六時半に家を出て夜は一〇時過ぎに帰ってくる、といったものだった。東京ではそうした働き方があたり前だと考えられている節があるが、けっしてそうではないはずだ。そうした生活が長く続くと、考えなければならないさまざまな社会問題――それはひいては私たちの日常の問題でもあるのだが――を後回しにせざるを得ない、いわゆる思考停止状態が続き、最終的にはどうにもならないところにいきついてしまうのではないか。そうした漠然とした不安をお互いに抱いていたときに、あの原発事故が起こったのである。

震災前の約三年間、研究のためにたびたび訪れていた水俣を老後の落ち着き先と決めていたとはいえ、勤務先の大学の定年までまだ一〇年以上を残したこの時期での「移住」は、私たちにとっては大きな決断だった。それは、老齢の母が東京にいるために、完全に水俣に拠点を移すことができない私が、東京と水俣を行ったり来たりする生活、つまり一年の半分以上を夫と離れて暮らすという選択でもあった。しかし、始めてみれば思ったほどたいへんなことではなかった。要は、拠点を水俣に移し、私が単身赴任先である東京で働くと考えるだけのことであって、こうした「二重生活」をしている世帯はそれほど珍しいわけではないし、大学での教育関係者には同じような生活をしている人が意外と多い。

「移住」して半年ぐらい経ったとき、いっそのこと水俣に家を建てようか、ということになった。アパート暮らしでは何となく仮住まいの感が抜けないし、なんといっても隣の洗濯物から漂ってくるにおいで窓を開けられない状態が夏の暑い日でも続き、化学物質過敏症の予備軍である私にとっては耐え難い状況へとなりつつあったことが、その背景としてある。

この本は、私たち夫婦が設計をお願いした古川保氏と出会い、「チーム古川」の人たちと一緒にどうやって水俣に家を建てたのかを知ってもらうことによって、「住まう」ということはどういうことなのか、周りの人や自然とともに暮らすとはどういうことなのかを考えてほしいということで書き始めた。その土地の気候・風土に合う家を建てることとは、すなわち人や自然にやさしい住まいを作ることであり、周りとの共生が成り立つ、というごくあたり前のことを書き綴りたかったのだ。

しかし、いまやこうしたあたり前のことがやりづらくなっていることも確かであり、そのことへの警鐘を鳴らしたいというのも、この本を書くきっかけであった。日本という地は南北に細長く伸びており、北海道や東北と、南九州では気候が当然異なるにもかかわらず、同じ基準のもとに家が作られるという矛盾がまかり通っている。そしてその流れを積極的に推し進めているのが、国であり、その国が定めた法律である。つまり、伝統構法の良さを多く取り入れた家は、高温多湿な南九州の地には合っているにもかかわらず、そうした家が建てられなくなるような状況が生まれつつあるのだ。こうした矛盾も、さまざまなエピソードを通して明らかにしてきたつもりである。

自分の専門のことに多少触れておきたい。家を建てるという作業は、どういった関係性を築いていくのかという、私が専門としているコミュニケーション学における課題と共通点が多い。他者との関係性という私が話しているコミュニケーションの捉え方を、コミュニケーション学の専門書ではなく、一般書という形で具体的に伝えていければと思って書き始めた。水俣病を経験した水俣に家を建てるという個人的な出来事を通して、コミュニケーション学が掲げる重要なテーマである「共生」について考えてほしいという思いもあった。かつて（そして今も）、水俣病患者を支援するために水俣に入り、そのままそこに住みついた人たちが少なからずいる。もともと水俣に住む人たちとどう折り合いをつけながら暮らしていくのかが、オールドカマーである「よそ者」の課題だったはずだし、私たちニューカマーに突きつけられている試練でもあるのだ。

私たち夫婦は、相変わらずの「二重生活」を今でも送っている。夫は水俣市立水俣病資料館のボランティア学芸員としての作業や市民グループでの活動、裁判支援などを行いながら、水俣で暮らしている。私はというと、東京と水俣を行き来しながら、その二地点のギャップをさまざまなところで意識しつつ、水俣病を語り伝えることの意味を問うという研究を続けている。こうした「移動」の経験を経て生まれたのが、この本である。

一軒の家を建てるという経験は、さまざまなことを教えてくれた。特に、古川氏とのかかわりは大きなものであった。その彼がたびたび登場し、家づくりの極意のみならず、私たちの生活の基本である「住まう」とはどういうことかを教えてくれたはずだ。また、水俣に暮らすなかで知り合った人たちも、多くのことをこの本のなかで語ってくれた。一人ひとりのお名前をあげることをここでは控えさせてもらうが、そうした多くの人たちに支えられてこの本が完成したことを感謝とともにここに記しておく。そして、この本にたびたび登場した我が夫にも感謝のことばを贈る。

また、この本を書くきっかけとなったZINE（同人誌）『未知の駅』編集長の諫山三武氏にもお礼の言葉を贈りたい。この本の第1章「シロアリと生きる」は、『未知の駅』vol. 2に収録された原稿を加筆・修正したものである。読者の大半が若者である冊子に掲載された拙稿の評判がよかったことには、大いに励まされた。そして、あの原稿を書き進めていたときの楽しさが忘れられなくて、もう一度あのときの感覚を味わいたいと思ったのがこの本を書くきっかけでもあった。章によっては、そのときと似た感覚を覚えたところもあったが、当然のことながら一冊の本を仕上げるというのはけっこう大変な作業で、楽しいだけとはいかなかった。しかしながら、諫山氏が私の背中を押してくれたことは確かであり、感謝している。なお、この本が刊行されるのとほぼ同時期に『未知の駅』vol. 5が世に出回るはずで、そのなかに拙稿「シロアリと生きる2」が収録されているので、興味のある方はぜひお読みいただきたい。

最後に、この本を世に出すべく尽力してくださったナカニシヤ出版編集部の米谷龍幸氏に感謝の意を述べたい。毎年初夏に開催される日本コミュニケーション学会の年次大会初日終了後、池袋のカフェでビールを飲みながら、世間話のつもりでこの本の構想を話したのが始まりで、あのとき米谷氏が興味を示してくれなかったら、この企画は実現しなかった。長い間温めていた構想だっただけに、ことさらうれしかった。米谷さん、ありがとうございました。

なお、この本は科研費（24530653）の助成を受けた研究成果の一部が含まれていることを断っておく。

二〇一三年一一月末日

著者紹介

池田理知子（いけだ・りちこ）
国際基督教大学教養学部教授。

写真提供

五十嵐紀子・葛西伸夫・川畑　貢・
田中久稔・鳥山康太郎・古川　保

シロアリと生きる
よそものが出会った水俣

2014年2月14日　初版第1刷発行　定価はカヴァーに
表示してあります

著　者　池田理知子
発行者　中西健夫
発行所　株式会社ナカニシヤ出版
〠606-8161　京都市左京区一乗寺木ノ本町15番地
Telephone　075-723-0111
Facsimile　075-723-0095
Website　http://www.nakanishiya.co.jp/
Email　iihon-ippai@nakanishiya.co.jp
郵便振替　01030-0-13128

印刷・製本＝ファインワークス／装幀＝白沢　正

ISBN978-4-7795-0814-1